오자와 컬렉션 ❸

학교 밖 아이들

학교란 무엇일까?

오자와 컬렉션 ❸

학교 밖 아이들 학교란 무엇일까?

오자와 마키코 지음 | 이철웅 감수 | 오가타 요시히로, 우민정 옮김

서현사

한국어판 머리말

학교는 공부만 하는 곳이 아니다

"경쟁은 싫어." 예전에 등교를 거부하던 이웃의 여자아이가 중얼거렸던 이 한마디가 지금도 귓가에 남아 있다. 20년 전쯤 초등학생이던 그 아이는 어느 날부터인가 경쟁이 치열한 학교에 갈 수 없게 되었고, 낮이면 가끔 우리 집으로 놀러왔다. 1년간 집에서 '휴식기간'을 보낸 아이는 친한 친구의 격려 덕분에 다시 조금씩 등교를 시작했다. 그 뒤에는 되도록 경쟁이 덜한 쪽으로 진로를 신중하게 선택하였고, 드디어 학창시절에서 무사히 빠져나왔다. 삼십대가 된 지금은 일본보다 여유 있게 생활할 수 있는 외국으로 이주해서 좋아하는 염색 관련 일을 하며 활기차게 살고 있다.

지금도 많은 아이들이 학교에서 경쟁에 짓눌릴 것 같은 기분을 느끼며 앞서의 그녀처럼 계속해서 고생하고 있다. 결국 망가지거나 목숨을 끊는 아이들까지 생기고, 이런 일들이 끊임없이 일어난다. 학교에서 성적 때문에 경쟁하는 것은 아이들을 지치게 하고, 때로는 고통스럽게 한다. 친구와 친하게 지내고, 여유롭게 학교를 즐기고 싶은 아이들이지만 학교는 그것을 허락하지 않는다. 좋은 점수를 받아야 한다는 끊임없는 경쟁의 스트레스는 친구관계를 해치고, 그러한 긴장관계는 왕따의 온상이 되기도 한다. 어른들은 "어차피 경쟁사회에 나가야 할 텐데 속 편한 소리를 하고 있을 때가 아니야"라고 말하지만, 아이들은 자신 앞에 펼쳐진 경쟁사회에 절망하고 있다. 한국 또한 일본의 이런 상황과 비슷하지 않은가?

일본에서 등교를 거부하는 아이들이 10만 명을 넘어 더욱 더 증가한 것은 1990년대 후반의 일이다. '스스로를 책임지는 시대'라는 이름 아래 개인 간의 경쟁이 더욱 격렬해지고 있던 때였다. 아이들과 젊은이들은 미래를 예리하게 감지하는 생명체이기 때문에 아마도 '이 이상 친구관계를 갈라놓고 경쟁하게 만드는 학교나 사회가 싫다'는 감정을 강하게 느꼈을 것이다. 게다가 2000년대에 들어서면 등교를 거부하는 학생의 수가 14만 명에 이른다. 현재도 그 수는 12만 명 가까이 된다.

한편, 인터넷시대라고 불리는 시대가 찾아오면서 길거리나 지하철에서 조그만 기계 화면을 심각하게 들여다보고 있는 아이의 모습이 눈에 띈다. 휴대전화나 스마트폰이 아이들 세계에도 보급되기 시작한 것이다. 집단에서 개인으로의 변화이다. 일본의 인터넷 관련 업계가 이런 상황을 놓치지 않고, 등교를 거부하는 아이들을 받아들이는 '통신 고등학교'를 시작하려 한다는 보도를 최근에 접했다. 수업을 듣고, 리포트를 제출하고, 강사에게 질문하는 등의 모든 것은 인터넷상에서 이루어지고, 통상적인 과목 외에도 게임이나 애니메이션 등 다양한 분야에서 사업을 모색한다는 것이다. 지금 단계에서는 고등학생을 대상으로 한 계획이기 때문에 초등학생이나 중학생과는 무관한 이야기로 보일지 모르겠다. 하지만 인터넷사회의 상업주의와 결탁하여 어린아이들의 세계에도 이러한 개별학습의 풍조가 점차 그 영향을 미칠 것이다.

개개인이 자신의 학습 속도에 맞춰 언제라도 편한 시간에 공부할 수 있는 가능성은 집단에서 경쟁하며 괴로워하는 아이들의 마음을 편하게 만드는 측면이 있을지도 모른다. 그러나 치열한 경쟁사회 그 자체가 없어지는 게 아니라, 그저 눈앞에 보이지 않게 된 것뿐이다. 게다가 아이들은 단체수업이나 집단생활의 구속에서 해방되는 반면, 자신들의 성장에 있어 무엇보다 소중한 것을 잃을 것이다. 바로 같은 세대의 친구와 함께 지내면서 체험을 함께하는 둘도 없이 소중한 '세월'이 그것이다. 아마도 아이들은 자신들이 자라는 데 있어 그런 시간이 꼭 필요하다는 것을 몸으로 알고 있을 것이다. 그렇기 때문에 지역의 학교는 공부만을 위한 곳이 아니라, 또래 아이들이나 젊은이들이 만나 관계를 맺고 오랜 시간에 걸쳐 체험을 함께 나누며 성장해나가기 위한 매우 소중한 공간인 것이다.

아이는 아이에게 끌린다. 어린아이도 서로에게 다가가고 바라본다. 아기들조차 그렇다. 어른들에게 보호받기를 바라면서도 한편으로는 친구들에게 다가가려고 한다. 인간뿐만이 아니다. 동물의 새끼들도 같은 행동을 보인다. 어린이와 젊은이는 친구를 필요로 하고, 또 친해지려고 한다.

아이들 사회에서 왕따가 자주 일어나는 지금의 학교는 아이들을 괴롭히는 어른들의 모습을 그대로 반영하고 있다. 학교라는 공간에서 아이들끼리 가혹한 경쟁을 하게 만들고 있는 우리 어른들은 반성해야 한다. 인터넷사회 속에서 아이들을 뿔뿔이 흩어지게 만들고, 경쟁을 숨기려고 해서는 안 된다. 경쟁의 강요 없이 아이들이 함께 생활할 수 있는 학교를 만들기 위해 어른들이 노력하지 않는다면 등교거부나 왕따 문제는 절대 해결할 수 없다.

물론 "아이들은 경쟁을 좋아해"라고 말하는 어른들도 있겠지만, 아이들이 좋아하는 일종의 놀이처럼 친구끼리 경쟁하는 것과 어른들의 평가가 따르는 경쟁을 혼동해서는 안 된다.

오늘도 해질 무렵 초등학생 아이들의 떠들썩한 목소리가 들려온다. 집 근처의 공터에서 언제나처럼 술래잡기나 깡통차기 놀이가 벌어지고 있다. 아이들도 스마트폰이나 휴대전화를 갖고 있는 요즘이라지만, 역시 아이들은 친구와 모이는 걸 좋아한다. 힘이 넘치는 목소리나 표정을 보면 그걸 알 수 있다. 휴대용 단말기를 만지작거리고 있는 아이의 표정은 멍하고 활기가 없지만, 친구와 놀고 있을 때의 목소리와 표정은 마치 다른 사람인 듯 생기가 넘친다.

아이들에게 우리 어른들은 친절한 존재였으면 한다. 학교에서 성적을 위한 경쟁을 줄이고, 친구들과의 세계를 존중해줬으면 좋겠다는 아이들의 바람에 우리는 부응해야 한다. 한국, 일본이 함께 그렇게 해야 한다. 이 책이 거기에 조금이나마 도움이 되었으면 좋겠다.

2015년 가을

오자와 마키코(小沢牧子)

감수자의 글

우리의 학교 현실에 비추어 본다

우리나라의 학교 밖 청소년의 수가 37만여 명에 이른다는 정부 보고가 최근에 있었다. 실로 놀라운 숫자이다. 이들 가운데 20여만 명은 소재 파악도 안 되어 말 그대로 방치 상태이다.

청소년기는 성장기로 심리적이나 물리적으로 보호를 받아야 하는 시기이다. 이 시기에는 식물로 비유하면 주변의 도움으로 영양분이 되는 거름을 주고, 햇빛을 받게 하여 자력으로 생존할 수 있는 바탕을 마련해주어야 한다. 스스로 서기에는 너무 버겁고 위태로운 아이들을 방치한다면 미래사회의 동력이자 구성원의 질을 떨어뜨리는 결과를 낳을 수밖에 없다.

이러한 어려운 상황에 일본의 등교거부 청소년에 대한 이 책은 우리에게 많은 시사점을 준다. 이 책의 저자 오자와 마키코는 일본 학교교육과 임상심리학계의 거장이다. 그러나 저자는 이론적 접근보다는 생활적 접근 방법으로 원인을 추구하면서 아이들에게는 아이들다운 환경을 만들어주어야 한다고 주장한다.

특히 저자는 등교거부 원인 중에 하나인 과중한 학업의 예로 산수와 수학이 얼마나 비정상적인지 예를 든다. 1957년에 발생한 소위 스푸트니크 쇼크에 기인한 학교교육과정의 어려운 기조가 아이들에게 학교 적응의 기회를 앗아갔다는 것이다. 국가와 학교교육의 노골적인 관계를 분석한 내용은 우리에게 많은 시사점을 던져준다. 또한 아이들은 아이들답게 그들 가운데에서 놀면서 공부해야 한다는 주장은 숙연해지게 만든다.

그 나라 아이들의 행복 정도는 동네에서 뛰어노는 아이들의 왁자지껄한 소리에서 가름할 수 있다는 저자의 생각에 전적으로 동의한다. 아이들은 놀면서 자라고, 아이들의 활기찬 목소리는 요즘 같은 어려운 상황에서도 여전히 살아 있고, 미래의 희망을 불러일으키는 힘이다.

일본은 1980년대에 이미 등교거부, 이지메 등 요즈음 한국사회가 겪는 학교폭력 문제와 계층 간의 갈등 등의 사회적인 현상들을 경험하였고, 지금도 현재 진행 중이다. 일본 학교교육 문제와 사회문제를 관찰하고 분석한 이 책은 우리 학교 현장의 문제와 비교하면서 고민해볼 가치가 분명히 있다.

날마다 학교에 가야 하는 그래야 우리 사회 보통 인간으로 취급받는 학생들에게, 그리고 등교거부에 이르기까지 고통받은 아이와 부모, 현장의 교사들에게 그리고 교육정책 결정권자들에게 이 책이 새로운 시각을 제공하는 기회가 되었으면 좋겠다. 그래서 매년 수만 명씩 증가하는 우리나라의 학교 밖 청소년들에 대한 근본적 이해를 돕고, 더 나아가서는 이를 처방하는 데 보탬이 되기를 기대한다.

2015년 11월

이 철 웅

차례

제1장

학교란 무엇일까?

학교, 더할 나위 없이 소중한 곳

칠십여 년의 인생에 걸쳐서 학교는 늘 가까운 곳에 있었고, 일상생활의 한 부분을 차지했다.

나의 학창 시절, 학부모로서 맺은 관계, 지금은 이웃에 사는 손주들이 책가방을 메고 오가는 모습을 창 너머로 배웅하고 마중하는 나날이 그렇다. 언제나 학교는 내게 많은 물음을 던져주는 신기한 곳이었다. 물음을 쫓아가다보면 그 뒤편에는 언제나 흥미로운 사회구조와 세계의 실상이 펼쳐졌다.

나는 그 옛날 전쟁의 경험을 기억하는 마지막 세대이다. 일본이 제2차 세계대전에서 패하던 해, 나는 초등학교 2학년이었다. 전쟁 중에는 학교에서 교육칙어(1890년 10월 30일 메이지 천황 때 공포된 〈교육에 관한 칙어〉를 말한다. 효도, 우애, 충성 등 유교의 핵심 가치를 내세워서 국가에 대한 헌신을 촉구했다. 1948년 6월, 군국주의와 전체주의 교육을 조장한다는 이유로 폐지되었다. – 옮긴이)를 암송했고, 패전 후에는 갑자기 교과서에 먹칠을 해 그 내용을 전부 지우게 했다. 전쟁 중에는 미국과 영국을 귀신이나 짐승처럼 여긴다는 뜻인 '귀축

미영鬼畜米英'을 어른들에게 항상 들어왔는데, 패전 후에는 미군이 일본에 들어오기가 무섭게 이번에는 갑자기 친미의 노래를 학교에서 배웠다. 그 노래들 중 한 곡의 가사는 이렇다.

'굿데이. 안녕하세요. 아메리카 군인과 동행은 기쁘네. 가지각색 장난감을 사고, 손짓으로 대화하며, 잠시 놀고. 땡큐. 굿바이. 안녕히 가세요.'

당연히 나쁜 놈이라고 여겼던 미군에게 갑자기 어린아이가 아양을 떠는 노래라니! 내가 미군 병사 역을 맡아 세일러복을 입고 이 노래에 맞춰 일본 아이 역의 상대와 춤췄기 때문에 그렇기도 하지만, 미군에 대한 선생님들의 갑작스런 태도 변화가 이상하다고 생각했기에 잊을 수 없는 노래이기도 하다. 비록 아이였지만 당혹감과 부끄러움을 느꼈으리라.

학교는 의문투성이 장소였다. 하지만 한편으로 학교는 많은 친구들과 만나고 매일을 보내는 즐거운 장소이기도 했다. 그런 의미에서 그 지역의 학교는 부모와 아이에게 더할 나위 없이 소중한 곳이라는 깨달음을 준 것 또한 사실이다.

1960년대 후반, 나는 대학을 졸업해 심리학 관련 일을 하게 되었고, 거기에서 등교를 거부하는 아이들을 만났다. 그 아이들이 던진 학교에 대한 물음은 개인이나 가족에게 그 문제를 한정하는 심리학이라는 학문에 대해 자문하는 계기가 되었다. 등교거부라는 행위를 통해 아이들은 무엇을 말하고 있을까, 어른들은 그 문제를 어떻게 마주해야 할까.

이 책에서는 등교거부와 관련된 문제를 비롯해 현재 아이들이 처한 상황에 대한 나의 생각들을 써나가면서, 아이들의 언어를 통해 그 해답을 모색했다. 함께 생각해주신다면 기쁠 것이다.

무리 지어 노는 것의 힘

아이들의 목소리가 울려 퍼진다

해질녘 외출에서 돌아오면 오늘도 이웃집 마당을 넘어 아이들의 활기찬 목소리가 울려 퍼진다. 초등학생인 손자가 친구 여럿과 축구를 하며 야단법석을 떨고 있다. 창 너머로 바라보니 같은 반 친구에다가 동네 아이들까지 합세해 함께 놀고 있다. 끊이지 않는 웃음소리를 들으며 미소 띤 얼굴들을 잠시 보고 있으니 외출의 피곤함이 사라진다.

아이는 아이들 속에서 모여 놀면서 자란다. 어린아이도, 학교에 다니는 아이들도 십대의 청소년들도 마찬가지다. 인간뿐만이 아니다. 인간 이외의 동물도 어린것들은 모두 무리 지어 논다. 그건 마치 살아가는 데 필요한 공기나 음식 같은 거다.

아이들이 놀 때 내는 소리는 좋다. "아이들은 놀면서 자란다"라고 옛사람도 노래했듯이 아이들의 목소리는 미래에 대한 희망을 불러일으킨다. 요즘처럼 사람들이 날카로워진 세상에서도 그 힘은 여전히 살아 있다.

물론 예전부터 아이들의 목소리는 시끄러워서 싫다고 말하는 사람들이 있었지만, 최근에는 그런 경향이 유난히 강해진 것 같다. 요즘 이 동네에서도 아이들이 시끄럽다는 불만이 자치회에 접수되고 있다. 나 또한 피곤할 때는 활기 넘치는 아이들의 소리가 괴로울 때가 있으니 전혀 이해할 수 없는 것도 아니지만, 나는 그 목소리에서 힘을 얻는 경우가 더 많다. 아이들이 시끄럽다는 불만이 늘어나는 건 피폐해진 세상살이에 아이들을 싫어하는 분위기가 퍼지고 있기 때문일 것이다.

하지만 한편으로는 "아이들 목소리가 안 들리는 동네는 쓸쓸하지", "아이들 목소리는 좋아"라는 말을 주고받는 사람들도 여전히 많다. 지하철에서 같은 칸에 탄 아이에게 미소를 보내는 어른도 자주 눈에 띈다. 식물도 바람의 힘으로 씨앗을 땅으로 무사히 보내는 지혜를 가졌는데, 어른들이 호의라는 이름의 바람으로 아이들을 미래로 잘 보내주고 싶다고 생각하는 것은 자연스러운 일이 아닐까.

모여서 자라고, 함께 자란다

아이들이 친구와 만나 함께 시간을 보내고, 웃는다면 괜찮다. 그런 시간이 가끔이라도 있다면 분명 괜찮다. 왜냐하면 그런 것들이 아이가 힘을 낼 수 있는 근원이기 때문이다. 긴 세월 동안 나는 그렇게 생각해왔고, 모여서 노는 아이들을 응원하고 싶다고 생각해왔다.

뭐라고 해도 아이는 또래 아이들을 좋아한다. 어리더라도, 십대가 되더라도 말이다.

태어난 지 반년 정도 된 아기조차 아이의 목소리에 끌려 반응하는 것을 알 수 있다. 두세 살 아이도 친구들이랑 놀면 얼굴색이 밝아지고 몸짓에도 힘이 들어간다. 그런 모습을 보고 "역시 아이들에게는 친구가 제일이지"라는 말을 부모들은 주고받는다. 옛날에도 그랬고 지금도 그렇다.

학교라는 장소에는 지역 아이들이 모인다. 그렇기 때문에 지역의 학교는 소중하다. 친구들을 만날 수 있고, 친구들과 시간을 보낼 수 있기 때문에 학교는 소중한 곳이다. 학교의 가장 큰 의미가 거기에 있다고 나는 생각해왔다. 공부도 좋지만 무엇보다 친구들과 충분한 시간을 보내는 것. 지금은 어른이 된 우리 아이들이 어렸을 때부터 내가 할머니 세대가 된 오늘까지 그 생각에는 변함이 없다.

그런 소중한 장소가 견딜 수 없어서 등교하지 못하는 아이들이 늘고 있다는 건 정말 그럴 만한 이유가 있는 게 아닐까. 그 아이들은 우리 어른들에게 큰 문제를 시사하고 있다. 이 문제에 대해서는 뒤에서 차차 생각하기로 하자.

아이는 스스로 자란다. 놀면서 수다를 떨고 싸우고, 그러다 다시 어울려 놀 친구만 있다면 키우려고 하지 않아도 멋대로 자라고, 서로 자라나는 생명체다. 물론 곤란하거나 괴로울 때 힘이 되고 도와줄 어른은 필요하다. 그래서 학교에는 친구 외에도 교사라는 이름의 어른이 있다. 그가 가르치는 것에만 사로잡히지 않는 여유로운 마음을 가진 사람이라면 아이들에게는 행운이다.

부모들도 아이들을 사이에 두고 서로 알게 된다. 아이들이 어른들을 이어주는 것이다. 사람을 만나는 데 있어 학교는 정말 최적의 장소다. 가끔 혼자 있고 싶다면 이상한 애라는 소리를 듣더라도 도서실이나 채소밭, 동물사육장 등 나름의 있을 장소를 찾아내서 꿋꿋이 그렇게 혼자 있으면 된다. 그걸 보고 "쟤는 또"라면서 아무렇지 않게 지켜봐주는 어른이 몇 명이라도 있으면 좋겠다. 아이가 강인함을 키우는 곳 또한 학교라는 장소이다.

학교세계의 이중성

땡땡이를 봐주다니, 너무 불성실한 거 아닌가요? 학교는 공부하는 장소로 중요한 거 아닌가요? 하며 바로 반론 당할 것 같다. 확실히 학교는 오랜 세월에 걸쳐 지혜의 체계를 아이들에 잘 가르칠 수 있는 기량을 체제적으로 차곡차곡 쌓아왔다. 그중에서도 읽고 쓰는 것, 계산 등을 적확하게 몸에 익히는 세련된 방법을 알고 있다. 내 주변의 아이들이 학교에 들어가자마자 단기간에 점점 읽고 쓸 수 있게 되는 모습을 보고 놀랄 때가 많다. 기초학력을 전수하는 방법이 확실히 탁월하다. 그것은 학교가 가진 자신 있는 기술이다. 거기다 학교의 지식 체계는 아이들이 살고 있는 세상을 지배하는 정치의 기본자세나 사회구조를 반영하기 때문에 역시 알아두는 편이 편리하다.

하지만 체제의 양지 부분만 중요한 것은 아니다. 학교의 지식은 사회 표면의 절반이다. 세계는 빛으로만 되어 있지 않다. 진실은 오히려 어둠 속에 있다. 그래서 인간이 세계를 알기 위해서는 빛과 그림자의 양면을 아는 것이 필요하다. 학교에서는 빛 속에 있는 답을 '정답'이라고 하지만, 그 뒤에는 별개의 정답이 있을지 모른다는 사실을 사람들은 때때로 알아차린다. 아이들 또한 그렇다. 아이들은 가진 게 없는 자로서 사실을 내다보는 힘을 타고났기 때문이다.

학교란 힘이 있는 어른이 지배하는 사회의 규칙과 사회 배후에 있는 권력 세계를 동시에 알게 되는 장소이다. 세상을 도맡아 관리하는 자리에 있는 어른이 공부라는 행위를 축으로 아이를 지배하고, 아이가 그 권력 관계를 절실히 깨닫는 장소. 학교는 아이들이 사회의 현실이나 권력, 사실과 마주하는 장소인 것이다. 어떤 공부를 시키고, 어떤 행동을 익혀서 지니게 하고 싶은가. 국가가 정하는 그 과제에 아이도 부모도 순종할 것인가, 순종하지 않을 것인가. 위의 뜻대로 충실하게 성과를 낼 것인가, 거부할 것인가. 학교는 국민인 아이에게 과제를 주고, 아이를 측정하고, 그 수치에 따라 양분하고, 부모라는 이름의 사람들을 간접적으로 묶는다. 애당초부터 학교는 국민관리, 국민통제의 장으로 만들어졌고, 그 목적 아래에서 아이들을 모으고 키우려 해왔다. 그것이 명백한 사실의 한 단면이다.

그렇지만 한편으로는 학교가 앞에서 말한 '아이들이 모여서 노는 곳'이라는 것 또한 맞는 말이다. 지역의 아이들이 모여

서로 즐겁고 활기차게 멋대로 성장해간다는 것은 사실이다. 한쪽에는 과제와 가르침을 받으며 복종해야 되는 장면이 있다면, 한쪽에서는 친구들과 함께 있기 때문에 왁자지껄했다가 웃기도 하고 싸우기도 하는, 자발성으로 가득한 장면이 존재한다. 통제 당하는 시간과 관리 범위 밖에서의 시간. 질서와 혼돈의 세계. 공적인 분위기와 사적인 분위기. 확실하게 둘로 나눌 수는 없지만 교실이나 복도, 교정에서는 이 두 세계가 언제나 서로 충돌해서 싸우고 있다. 학교에서 아이의 세계는 이 이중구조 안에 있다.

아이는 현실을 제대로 알고 싶어 한다. 현실은 살아가는 데 있어 중요한 기반이기 때문이다. 하지만 아이들은 현실의 어떤 부분에 가치를 두고, 자신을 어디에 두고 살아갈까 추궁 당한다. 학교권력이 좋아하는 아이가 될 것인가, 아니면 학교와 시선을 적당히 주고받으며 강하게 살아갈 것인가. 아이에게 그것은 날마다 바뀌는 '오늘의 메뉴' 같은 걸지도 모른다.

아이뿐만이 아니다. 부모야말로 그 부분을 추궁 당한다. 열심히 학교의 뜻을 하청 받을 것인가. 아니면 예를 들어 아이의 휴식을 위한 '땡땡이'를 적당히 눈감아줄 것인가. 나는 부모의 입장에서 쭉 '가르치다'보다는 '자라다', '줄서다'보다는 '모이다', '종속'보다는 '자발', '권위'보다는 '친구' 편에서 학교를 중요하게 생각했고, 아이를 응원해왔다. 무엇보다도 내 자신이 그런 가치관을 바탕으로 살아가고 싶었기 때문이다. 그리고 함께 살아가는 아이와도 그런 모습으로 있고 싶었다.

전학 가는 날 – 친구를 만났다면 괜찮아

선명한 기억 속 한 장면이 있다. 아들이 초등학교 5학년이던 4월, 우리 집은 이사를 했다. 아들에게는 첫 전학이었다. 4학년까지 정든 동네, 학교 친구들과 아무래도 헤어지기는 싫었을 터였다. 그렇기에 꽤 힘든 경험이었을 것이다. 그래도 부모의 사정 때문에 어쩔 수 없었다. 커다란 눈물방울과 긴 침묵 뒤에 "알았어, 이사해야지 뭐"라고 가까스로 아들이 따라와주었다.

이사한 집에서 새 학교까지는 걸어서 10분 정도의 완만한 비탈길을 내려간다. 개학식 아침, 나는 아들과 함께 집을 나섰다. 어떤 반일까, 어떤 학교일까, 어떤 선생님일까. 어쨌든 낯선 세계에 들어가는 긴장감으로 가득했을 것이다. 내리막이 시작되는 부근에서 아들은 잠시 멈춰 서서 몸을 떨었다. "왜 그래?" 하고 놀라며 물었지만, 생각해보면 아이에게 전학은 큰 사건이었을 것이다. 매일 같이 놀고 생활하던 친구들이나 몸에 익은 거리, 풍경과 헤어져서 새로운 세계를 접해야 하기 때문이다. 무의식중에 몸이 떨리는 기분도 알 것 같았다.

학교는 크고 작은 아이들로 떠들썩했고 몹시 혼잡했다. 아이들 무리가 일으키는 먼지 같은 냄새는 어느 학교나 비슷하다. 자아, 어디로 가면 좋을까 하고 아들과 내가 멈춰 서 있자니 작은 몸집에 둥글게 생긴 남자아이가 복도 저쪽에서부터 일직선으로 뛰어와서는 "너, 전학생이야?" 하고 물었다. 눈 깜짝할 사이에 둘은 북적거리는 복도를 뛰어가더니 보이지 않았다. 이 순간에 아들은 불안을 완전히 날려버렸음에 틀림없다. '아이에게 전학생 마중을 보내다니, 틀림없이 아이를 잘 아는 선생님일 거야' 하고 부모인 나도 안심했다. "아니요, 그냥 바빴을 뿐이에요"라고 그 선생님은 웃을지도 모르겠지만 말이다.

그날 방과 후에, "다녀왔습니다"라는 큰 목소리가 현관에서 들리는가 싶더니 아들 뒤를 이어 대여섯의 남자아이들이 우르르 거실로 들이닥쳤다. 모두 함께 새로운 친구의 집에 당장 가보자고 이야기가 된 듯하다. 우리 집 거실에 아이들의 가방이 먼지 냄새와 함께 단숨에 쌓였다. 거실에는 소파가 놓여 있었는데, 그 소파는 펼치면 널찍한 소파베드가 된다. 아들이 소파를 펼쳐 보이자마자 어떤 신호도 예고도 없이 전원이 일제히 거기에 뛰어들어서는 서로 뒤엉키고 떨어뜨리고 난리를 피우기 시작했다. 마치 짠 것처럼 한순간의 타이밍이었다. 순간적으로 모두 "저거다!" 하고 같은 생각이 번뜩거렸음에 틀림없다. 아이들의 공유감각이라는 것이다. 쿵짝이 잘 맞는 친구 감각과 그 박력. 역시 아이에게는 친구가 제일이다.

지금도 눈에 선명한 이 광경은 아들이 어렸을 때니까 30년도 넘은 기억이다. 그런데 그로부터 30년 후인 손주 세대에서까지 같은 광경을 목격했다. 그 소파는 낡아서 몇 번이고 덧대어 천을 새로 갈았지만 지금도 우리 집 거실에서 사용하고 있는데, 어느 날 유치원에 다니는 손자가 친구 몇 명을 데리고 집에 들이닥쳤다. 그리고 예전에 아들이 그랬던 것처럼 등받이를 내리고 소파베드를 펼쳐 보이자마자 '그 광경'이 재현되었다. 눈앞에서 침대가 만들어진 순간, 아이들은 일제히 거기로 뛰어들었다. 마치 짠 듯이, 환호성을 지르고 웃으면서 말이다. 기시감이라는 말이 있지만 나에게는 '감'이라기보다는 '기시체험'이었다. 지금도 옛날에도 눈앞에서 펼쳐진 소파베드에는 아이들에게만 들리는 '자, 이리 와!'라고 부르는 목소리가 숨어 있음에 틀림없다.

서로 몸을 맞대면서 느끼는 친밀감

이렇게 아이들은 언제나 몸을 맞대면서 노는 걸 좋아한다. 아이들은 언제라도 기회가 생기면 그렇게 한다. 두 세대에 걸쳐 소파베드에서 펼쳐진 장면은 나에게 그 사실을 확신시켜주었다. 동물의 새끼들도 마찬가지로 서로 달라붙어 장난치며 놀고 그러면서 친해진다. 옛날에는 그렇게 노는 것이 인기였다. 등을 뛰어넘는 놀이, 서로 밀거나 피해서 자리를 지키는 놀이, 선 넘어가지 않기 놀이 등 어렸을 때 여럿이 놀면서 느꼈던 친구의 체온은 지금도 내 몸에 남아 있는 것 같다.

하지만 요즘은 아이들이 몸을 맞대고 서로 부딪쳐가며 노는 풍경이 드물다. 방과 후 교사를 하고 있는 젊은 친구 말이 등을 뛰어넘는 놀이는 아이가 목을 다칠 위험이 있다는 이유로 언제부턴가 금지되고 있단다. 하지만 그렇게 되면 깔깔거리는 소리도 줄어들고 아이들 사이도 서먹서먹해지지 않을까.

옛날에는 방과 후 교정이 아이들의 집합장소 중 하나였지만, 지금은 그렇게 자유롭게 사용할 수 없다. 미리 신청해서 허가를 받아야 하는 학교가 많은 것이다. 하지만 앞서 이야기했던 방과 후 교사의 말을 들어보자.

“확실히 서로 밀거나 피하는 놀이 같은 건 거의 안 하지만, 요즘 아이들도 몸을 맞대고 노는 걸 정말 좋아해요. 간식 먹는 시간에는 일부러 서로 맞대고 앉아서 먹는 걸요. 우리 방과 후 교실이 엄청 좁은데도 불구하고, 더 좁았으면 좋겠다 싶을 정도인가 봐요.”

아이들은 지금도 기회를 엿봐서 몸을 맞대고 서로의 체온을 느끼면서 친밀함과 안정감, 기쁨을 얻으려고 한다. 목적도 없이 그저 맞대고 달라붙어 장난치거나 떼 지어 모이고 싶어 한다. 그런 모습을 보면, 밀고 피하는 자리 지키기 놀이나 등 뛰어넘기 놀이의 유쾌함을 가르쳐주고 싶어진다. 사람들은 위험하고 야만스러운 놀이라는 한마디로 불평할 것이다. 그런 사람들에게 얌전한 놀이만 해서 아이가 제대로 크겠냐고 다소 날 선 대답을 돌려주고 싶어진다.

십대 아이들도 이 관리사회의 빈틈을 찾아내어 떼를 지어 모이려고 한다. 오락실 주변이라든가 편의점 앞이라든가. 그러나 아이들을 관리하는 어른들은 떼를 지어 모인 모습을 보고 눈살을 찌푸린다. 목적도 없이 모이는 것은 보기 좋지 않다고 생각하는 것이다. 하지만 목적이 없다는 것이 오히려 그들의 목적이다.

아이들이 모일 장소가 필요하다

떼를 지어 모인다고 하니 생각나는 일이 있다.

학교에서 관리가 엄격해지고 등교를 거부하는 아이들이 늘어가던 1990년대, 학교가 견디기 힘들어진 중학생들은 숨 돌리는 공간으로 학교의 양호실을 찾아냈고, 그곳으로 모여 들었다. 마치 새가 둥지를 짓는 것처럼, 전국적으로 단숨에 퍼져나간 현상이었다. 공부와 성적평가와는 거리가 먼 장소를 중학생들이 잘도 찾아냈구나 하고 나는 생각했지만, 그런 행동은 얼마 되지 않아 금지되고 만다. '용건도 없이 양호실에 모이는 것은 보기 좋지 않다'라는 이유, 또는 구실 때문이다.

그 대신 준비해준 것이 등교거부의 대책으로 마련된 '상담실'이다. 그러나 당시 중학교에서 양호교사로 일하던 지인은 이렇게 말했다. "아이들은 깔끔한 카펫이 깔려 있는 고상한 '상담실'이 아니라 마룻바닥이 갈라지고 너덜너덜한 좁은 양호실에 모이고 싶은 거죠. 그건 당연한 거 아니겠어요." 목적이 노골적으로 보이는 곳을 아이들은 멀리한다. 자기들끼리 멋대로 찾아낸 장소가 소중한 것이다. 아이들도 꽤 고생하고 있다. 어른들의 의도대로 행동하지 않더라도, 잠시만 관대하게 봐주기를 바란다. 아이들이 친구에게 따돌림 당하고, 학교에서 멀어져 뿔뿔이 흩어지기 전에 말이다.

학교란 국가 입장에서는 지역의 아이들을 효율적으로 모아서 국가의 의향대로 물들이는 장소이고, 우리 입장에서는 지역 아이들이 모이는 가깝고 편리한 장소이다. 그 장소가 지역에 있기 때문에 아이들은 학교에서 만나고, 하굣길에 삼삼오오 모여 공원에서 놀거나 누군가의 집에 모인다. 그러나 지금은 시장원리주의의 세찬 흐름 속에서 학교선택제가 등장하여 학교시장화가 진행되고 있으며, 사립학교가 늘고 학교격차가 만연하여 아이와 부모들을 분산시키려 하고 있다. 학교 상품화의 흐름이 격렬해진 것이다.

그러나 변함없이 지역의 학교는 우연히 가까운 곳에 살게 된 아이들이 친구들과 만나 생활하는 소중한 곳이자 부모에게도 없어서는 안 되는 곳이다. 그런 의미에서 학교의 가치를 없애는 일이 없기를 바라면서 나는 나날이 아이들이 모여 노는 소리를 듣고 있다.

배운다는 행위

아버지 가방에 들어가신다?

어느 날, 초등학교 1학년인 손자가 숙제로 고민하고 있었다. 이유를 물으니 국어 베껴쓰기를 할 때 쉼표나 마침표가 없는데도 단어와 단어 사이가 비어 있는 곳이 있다는 거다. 예를 들면, '아사 오키루あさ おきる'처럼 말이다. 어째서 쉼표도 마침표도 없이 그저 비어 있는 것인지 그 의미를 모르겠다고 울고 있다.

정말, 그렇게 듣고 보니 지당한 의문이다. 부모도 할머니인 나도 그 법칙을 모르겠다. "학교에서 선생님께 물어보렴" 하고 부모는 말했지만 그럴 수 없다, 절대 안 된다며 손자는 고개를 내젓는다. 그런 질문을 하는 것은 학교의 방식에 맞지 않는다는 것을 1학년인 아이가 재빨리 눈치채고 있는 것이리라. 학교란 배운 것을 그대로 받아들이는 곳, 의문을 제기하는 것은 어울리지 않는 장소라고 생각하는 눈치다. 그리고 그 판단은 유감스럽게도 적중하고 있다.

아이의 부모도 나도 손자의 조금 전 의문에 대해 대답할 수 없었다. 어쩔 수 없이 초등학교 교사인 친구에게 전화로 물었더니, 그런 걸 '띄어쓰기'라고 한다며 명칭만 알려주었다. 아마도 '아침에 일어나다(아사/오키루)'를 '마를 자르다(아사오/키루)'와 착각하지 않도록 하기 위한 표시법인 것 같다(일본어는 문법상 띄어쓰기가 없기 때문에 '아사오키루'라고 써야 한다. 그런데 '아침에 일어나다(아사/오키루)'와 '마를 자르다(아사오/키루)'가 '아사오키루'라는 같은 발음이기 때문에, '아사'와 '오키루' 사이를 띄어 써야 구별할 수 있다. – 옮긴이).

그러고 보니 '아버지가 방에 들어가신다'를 '아버지 가방에 들어가신다'라고 잘못 읽었다는 우스갯소리가 생각났다. 그러나 손자 입장에서는 웃을 일이 아니었다. 모르는 걸 어떻게든 알고 싶은데 어떻게 하면 좋을지 몰라서 아이는 눈물만 훔치고 있었다. '띄어쓰기' 법칙을 문법적으로 1학년 아이에게 간단히 설명하기란 무척 까다로울 것이다. 그래서 교실에서는 설명 없이 그냥 그런 것이라고 받아들였으면 했을지도 모른다. 하지만 아이들은 모르는 것이 있으면 마음에 걸리고, 신경 쓰여서 납득하고 싶은 것이다. 눈물이 날 정도로 말이다. 그런 마음은 아이뿐만 아니라 인간이라면 누구에게나 무엇보다도 중요한 문제이다. 의문을 가진다는 것은 생각의 출발점이기 때문이다.

생각하는 즐거움을 빼앗다

유감스럽게도 학교는 예전에도 지금도 사물과 현상의 본질에 대해 가르치려고 하지 않는다. 그게 아니라 많은 질문을 주고 생각하게 만들고 있지 않느냐고 반론하는 사람이 있을지도 모르지만, 그건 준비된 답을 맞히게 하고 있을 뿐이다. 아이들은 '왜?'를 생각하고 싶다. '왜?'는 아이들의 입버릇이다. '왜?' 하며 스스로 생각하고 의문을 추구하는 것은 인간이 활기차게 살아가기 위한 기반의 하나다. 생각하는 것은 즐겁다. 그러나 아이들을 순종하게 만들고 싶은 학교는 그것을 싫어한다. 멈춰 서지 않게, 의문 같은 건 가지지 않게, 오로지 수동적으로 만들고 싶어 한다. 그중에서도 특히 본질적이고 근본적인 것을 생각하는 습관과 시간을 빼앗는다. 학교를 통해 통제하기 쉬운 수동적 인간을 만들기 위한 것이 그 이유라고, 나는 오랜 시간 학교와 맺은 관계를 통해 확신한다.

그러한 학교 문화 속에서 아이들은 질문하고 싶은 마음을 스스로 막아버리고, 자신의 힘으로 사물에 대해 알려고 하지 않게 된다. 생각하는 걸 그만두고 주어진 것을 받아들이기만 하는 그릇이 되어간다. 그것이 주변에서 바람직하게 여기는 삶의 방식이라고 미루어 짐작하기 때문이다. 그러나 그런 하루하루는 살아 있는 의미가 부족하고 시시해서 점점 아이들의 얼굴에서 표정이 없어지고 목소리에서는 힘이 빠진다. 학교에 가는 매력이 없는 것이다. 모처럼 알고 싶은 것으로 가득한 재미있는 세상에 태어났는데 말이다.

의문이야말로 배움의 시작이자 세계로 나아가는 문이다. 그 문을 가로막는 곳이 학교라면, 배움터로서의 학교라는 이름이 아깝다. 생각하는 것이야말로 인생의 즐거움이다. 생각하는 것은 언제 어디에서나 가능하고, 재미있는 데다 공짜다. 이런 바로 가까이에 있는 즐거움을 만끽하지 못한다면 정말 아깝다. 하지만 유감스럽게도 학교에서 그렇게 할 수 없다면, 적어도 집이나 지역사회는 매일 아이들이 품는 의문을 함께 생각하는 것을 소중히 여겼으면 좋겠다.

생각하는 일은 재미있다. 아이의 의문에 이끌려 함께 생각하다보면 어른에게도 신선하고 보람 있는 나날이 주어진다. 아이와 부모가 함께 사물에 대해 생각하는 관계가 가능해지면 그 관계는 아이가 자라더라도 쭉 그대로 유지된다. 일전에 막 사회인이 된 아들을 둔 지인이 이렇게 말했다. "아들은 사회나 정치에 관한 것부터 시작해서 뭐든지 어떻게 생각하느냐고 물어요. 집에서도 술집에서도 말이에요. 그러니까 지금도 부모자식 간에 늘 논의만 하고 있답니다. 최근 젊은이들이 논의를 좋아하지 않는다고들 하지만, 사실 그들은 사물에 대해 생각도, 논의도 하고 싶어 해요."

그녀는 아들이 어렸을 때부터 무엇이든지 함께 생각하고 서로 논의해왔음에 틀림없다. 삶의 태도가 엿보이는 어른의 생각을 아이들은 어떻게든 알고 싶은 것이다. 우리 아이들도 그랬다. 학교에서 배운 것, 교과서에 실린 내용에 대한 의문을 포함해서 말이다. 나는 창피함을 무릅쓰고 아이들과 자주 이야기했다.

겨울에도 딸기 재배를 할 수 있다지만

예를 들면 이런 대화를 한 적이 있다. 꽤 오래전 일인데, 지금은 부모 세대가 되어버린 아들들이 어렸을 때 이야기다. 어느 날, 저녁을 먹고 있는 식탁에서 당시 초등학교 4학년이던 아들이 이런 이야기를 꺼냈다. "오늘 사회 시간에 이상한 걸 배웠어. '최근에는 농가에서도 비닐하우스 재배 기술이 발전해서 겨울에도 딸기를 재배할 수 있게 되었습니다'라고. 엄마는 맨날 '겨울에 딸기를 먹는 건 이상한 거야. 햇볕을 듬뿍 쬐인 귤을 먹자'고 하니까 나도 맞는 말이라고 생각하는데, 교과서에서는 반대로 마치 좋은 일처럼 써 있다니까."

우리 집의 사고방식과 학교나 교과서에서 배우는 사고방식이 이렇게 다르니 어쩌면 좋으냐고 아이는 물어온 것이다. 그 당시 아이와 내가 주고받은 이야기를 간단히 적은 글을 보니 내 대답은 이랬다. "학교나 교과서에서 배우는 것은 '세상은 지금 이래요'라는 것이야. 그걸 제대로 아는 것은 그 나름대로 중요한 거야. 겨울에 딸기를 키우는 게 '좋은 일'이 된 게 바로 그런 거지. 그렇지만 정말 그게 좋은 일이라고 생각할지, 그건 이상한 일이라고 생각할지, 자신은 어떻게 생각할지, 그게 앞으로의 가장 중요한 공부이지 않을까?"

우연히 책장을 정리하다가 발견한 이 글은 한 책자에도 실렸던 것이다. 책자는 당시 지역의 가까운 사람들과 계속 진행하던 공해와 환경문제를 생각하는 모임에서 만든 것으로, 그 안에는 우리 회원들의 주변에서 일어나는 이야기들도 함께 엮었다. '거참, 아이들에게 잘난 체하는 말투로 잘도 말했네. 근데 학교 공부라는 게 옛날에도 지금도 확실히 이런 거구나.' 하고 새삼 나는 책장을 정리하던 손을 멈추고 예전에 나누었던 대화를 돌이켜보았다.

그 글은 아직 끝나지 않았다. 동생이 꺼낸 '딸기와 귤' 이야기에 중학교 1학년 형은 "사회 교과나 국어의 내용은 자신이 그걸 어떻게 생각하는가가 중요하지만, 수학 같은 교과는 정해진 사실을 생각하기 때문에 시대랑 관계없는 거야"라고 말하고 있다. 그 말에 대해 내가 "그렇지만 수학도 시대랑 관계있지 않을까? 지금 네가 배우는 이진법은 컴퓨터 보급과 관계가 있는 것 같은데? 엄마가 중학생일 때는 그런 거 배우지도 않았거든"이라고 말하자 아이는 "그렇구나, 이과 계열도 마찬가지구나"라고 대답한다.

교과서는 정치의 거울

학교 교과서는 기본적으로 국가 방침을 반영하고 있다. 그것은 국가의 검정 과정을 거쳐 만들어진 아이들 책의 베스트셀러이다. 국가의 방침에서 벗어난 기술은 검정을 통과하지 못한다. 그런 의미에서 도쿄전력 후쿠시마 제1원자력 발전소의 대참사가 이후 교과서에서 어떻게 다뤄지고 기술될 것인가에 대해서도 주의 깊게 지켜보고 싶다. '아이들 교과서 네트워크'라는 시민단체가 1998년부터 교과서 문제를 정성들여 추궁해오고 있는데, 이 모임의 활동에도 기대를 걸고 있다.

이야기는 방금 전 부모와 자식의 식탁 장면으로 돌아간다.

석유로 만든 비닐하우스 속에서 석유 난방 아래 키워진 한 겨울의 딸기. 옛날에 딸기는 초여름에 맛보는 과일이었다. 자연에서는 지금도 그 사실에 변함이 없다. 올해도 우리 집 식물 재배용 화분에는 여러해살이 야생 딸기가 5월에 무성하게도 하얀 꽃을 피우더니 6월에는 새빨간 열매를 넘쳐흐르듯 맺었다. 어린 손주나 근처의 아이들은 떠들썩거리며 그걸 따 먹는다.

그러나 요즘에는 자연이 딸기를 베풀어주는 그 계절에 시장에서 딸기가 완전히 사라지고 없다. 가게에는 그 대신 수입된 미국산 체리나 원래는 한여름에나 수확하는 멜론 등의 과일이 줄지어 진열되어 있다. 먹거리의 시장계획이 지구 회전에 따른 계절이 아니라 석유에 따라서 조절되기 때문이다. 우리들의 식탁은 국내외로 수송되는 많은 식재료를 포함해서 마치 석유를 먹고 있는 것 같은 상황이 되었다.

초등학생이던 아들이 겨울딸기에 대해 '학교에서 이상한 걸 배웠다'고 미심쩍게 생각한 것은 그런 농업정책이 기세 좋게 진행되기 시작한 삼십여 년 전의 일이다. 그것을 당연히 환영할 일로 적어놓은 교과서를 아들은 비록 아이지만 미심쩍게 생각했던 것이리라.

그때로부터 많은 시간이 흐른 2011년 현재 일본에서는 계절을 더욱 무시한 시장풍경이 당연한 것처럼 되어버렸다. 나 역시 앞서의 대화를 주고받던 때에는 겨울에 딸기를 사는 부자연스러움에 민감해서 '이런 생활은 말도 안 돼'라고 계속 저항

했다. 그러나 이 글을 쓰고 있는 지금은 그 저항이 점차 사라져, 한심하게도 계속해서 겨울딸기를 식탁에 올리고 있는 것 아닌가! 세상에 넘쳐나는 석유의 홍수에 몸과 마음을 휩쓸려서 어쩌다 이렇게 타락해버린 것일까 암담하다. 당시에는 석유문명의 진행에 강한 의문을 품고, 같은 생각을 가진 지역의 부모들과 쓰시다 아쓰시槌田敦 씨의 《석유와 원자력에 미래는 있는가石油と原子力に未来はあるか》와 다카기 진자부로高木仁三郎 씨의 반反원자력발전 관련 저서 등의 독서회에 열심히 참여했으면서 말이다. 그러나 어른 사회가 차츰 나태한 생활방식에 휩쓸린 결과 이번의 원전대참사(원전은 '원자력발전소'의 줄임말이다. 여기서 말하는 원전사고는 2011년 3월 11일 일본 도호쿠東北 지역을 휩쓴 대규모 지진과 쓰나미로 인해 후쿠시마 현에 위치한 원자력발전소에서 일어난 방사능 누출사고를 말한다. – 옮긴이)를 불렀다. 결국 아이들의 미래에 그림자를 드리우고 말았으니 깊이 반성해야 한다.

다시 이야기가 벗어나고 말았다. 학교 공부의 문제 이야기로 돌아가야겠다.

어느 시대나 교과서와 학교 수업은 정치의 거울이었고, 현재도 그렇다. 그러니까 교과서를 통해서 자기 나라의 정치를, 나아가 세계의 상황을 볼 수 있다. 교과서를 읽는 것은 권력의 의도 아래 만들어진 사회를 이해하는 것으로 연결된다. 그런 의미에서 교과서는 매우 흥미롭고, 또한 사회를 아는 데 있어 실제로 '유용한' 읽을거리다.

국가와 학교

전쟁 중 나는 초등학생이었지만, 일찍이 교과서를 통해 '일본은 좋은 나라, 신의 나라'라고 천황제국가숭배를 철저히 주입당했다. "교과서는 천황폐하의 사진이 실려 있으므로 나라의 신성한 책이다. 절대로 밟아서는 안 된다"고 선생님은 명령했다. '짐이 생각건대 황조황종이……'라는 교육칙어도 암기해야 했다. 어린 우리들은 하굣길에서 교육칙어를 앞다투어 큰소리로 연습했다.

학교는 지금도 국가의 선도자 역할을 한다. "세상은 지금 이렇습니다. 정재계는 지금 아이들과 부모가 이렇게 생각해줬으면 하고 바랍니다. 여러분은 거기에 따라 주세요.", "학교는 옳고, 학교는 대단합니다. 그러니까 학교에 순종한다면 인생은 잘 풀릴 것입니다." 이런 식으로 '포교'해서 제도와 의식의 양쪽에 '학교신앙'을 세상에 단단히 뿌리내리도록 해왔다.

학교는 또한 아이들에게 사물을 어떻게 생각할지, 행동을 어떻게 해나갈지 일방적으로 제시한다. 배우는 것을 그대로 외우기만 하면 시험에서 좋은 성적을 받을 수 있고, 지각이나 결석을 하지 않고 학교가 원하는 행동을 꾸준히 하다보면 여러 시험에서도 이득을 본다. '근본적인 의문을 가지거나 생각할 여유는 없어요, 고분고분하게 요구에 잘 따르기만 하면 되는 거예요'라는 암묵의 목소리가 부모와 아이들을 붙들어 맨다.

하지만 아이들은 질문광이다. 이전에 아이들 몇 명에게서 "분수의 나눗셈은 어째서 분모랑 분자를 뒤집어서 곱하는 거예요?"

라고 선생님에게 물었다가 "그렇게 정해져 있는 거니까 그냥 외우면 되는 거예요"라고 불쾌하게 대답을 거절당했다는 이야기를 들었다. 그런 학교가 점점 싫어졌다는 등교거부 아이의 이야기를 읽은 적도 있다.

계속해서 밖에서 주어지는 지식을 외우기만 하는 나날에 지긋지긋해지고 지쳐서는 학교에 갈 수 없게 되고, 집이나 자기 방에서 혼자 보내는 아이들이 생겨나기 시작한 것은 어쩌면 당연하다. 아는 것과 그것에 대해 생각하는 것의 균형이 너무나도 크게 흐트러져 있기 때문이다. 분명, 가끔이라도 스스로 그렇게 해서 균형을 잡는 것이 꼭 필요한 것이다. 그것은 생명체인 아이들이 가진 하나의 자기방어 방식이라고 생각한다.

시간에 쫓겨 잃어버리는 것

학교는 아이의 질문, 특히 본질적인 물음에 답하고 싶어 하지 않는다고 앞서 말했다. 물론 아이의 모든 질문에 이치에 따라 대답해야 한다는 말은 아니다. "바로 설명할 수는 없지만, 어쨌든 그렇게 기억해둬"라고 말하는 경우가 종종 있음을 나도 부정하지 않는다. 예를 들어, 아이에게 요리나 세탁 등의 가사를 가르칠 때도 "이러니저러니 말하지 말고 하여간 해보렴. 하다보면 알게 되니까" 하고 말하는 어른과 아이의 관계는 지극히 자연스러운 것이다.

대체로 말은 애매하고 답답하다. 기술자들이 제자에게 기술을 가르칠 때는 말로 가르치는 것보다 "있다가 내가 하는 걸 잘 봐"라고 말하면, 제자가 스승의 일을 따라해보고, 주의 깊게 살펴서 기술을 익히는 거라고 어느 도편수에게서 들은 적이 있다. 그런 게 진짜 배움이라는 것이리라.

일본어의 '배우다学ぶ'는 '모방하다真似ぶ'가 변해서 된 말이라는 설이 있는데, 보고 모방하고 시행착오를 거치면서 체험하는 가운데 생각해가는 행위야말로 '배우다'라는 말에 어울린다. 다만, 사람의 관계와 공감하는 생활이 살아 있는 경우라는 조건이 필요하다. 거기에는 "이치를 따지는 건 나중에 하고, 하여간 해보렴"이라는 말이 잘 어울린다. 그런 곳에는 시행착오를 거치면서 납득해가기 위한 시간과 한발씩 향상되는 과정을 어떻게든 기다려줄 관계가 존재하기 때문이다.

하지만 요즘 학교에서는 자신의 체험을 생활 속에서 충분히 확인할 수도, 그것을 천천히 품고 있을 시간도 없다. 기다리면서 지켜봐주는 사람도 없다. 아이들은 너무나도 많은 양의 공부를 계속해서 아주 급하게 주입 당하고 있다. 삼대에 걸쳐 학교를 봐온 내 입장에서 보면, 내가 어렸을 때보다는 아들 세대에서, 아들 세대보다는 지금의 손주 세대에서 그 바쁨의 정도가 가속화되고 있다.

아이들뿐만이 아니다. 요즘의 학교는 매우 바쁘고 일이 많아 교사들도 힘들다. 아무리 학교가 생활보다는 공부 중심으로 변하고 있다고 해도 그곳은 살아 있는 아이들이 대거 모여 있는 곳이기 때문에 매일 어쩔 수 없이 예기치 못한 사건들이 일어난다. 그 살아 있는 성질, 다시 말해 해프닝이야말로 학교의 소중함과 즐거움이지만, '싸움을 중재하는 중요한 시간마저 없는 형편'이라고 교사인 친구는 한탄한다.

이 정도로 아이와 어른 모두가 학교에서 바쁘다. 그렇게 바쁜 것은 아이나 교사가 멈춰 서서 사물을 생각하지 못하게 하려는 게 아닌가 하는 생각도 든다. "소인은 한가하면 나쁜 짓을 저지른다"라고 옛날 학자가 잘난 체하며 말했다지만, 아마도 권력을 가진 이는 사람들이 천천히 곰곰이 진실을 생각하고, 사물에 대해 통찰해나가는 것이 두려울 것이다. 특히 학교는 크고 작은 인간이 일상적으로 많이 모이는 장소이다. "사람들이 여유롭게 모여 있으면 변변찮은 일 없이 괜히 기운만 세져서는 이상한 것에 항의하기 시작해서 큰일"이라고 두려워하여, 사람들을 바쁘게 만들거나 뿔뿔이 흩어지도록 몰고 있는 게 아닌가 하는 생각이 든다.

하지만, 아이는 호기심쟁이에다가 생각하는 것을 매우 좋아하므로 좀처럼 꺾이지 않는다. 부모라면 누구나 "어째서? 왜?"가 어린아이들에게 입버릇처럼 따라다니는 말이라는 것을 알고 있다. 그런 아이가 역시 "어째서? 왜?"라고 선뜻 묻지 않게 되는 것은 학교에 다니기 시작하면서이다. 아이는 어른과 비교해서 약자의 입장이므로 자신을 지키기 위해서는 질문을 하지 않아야 한다는 걸 알아채고 점점 의문을 자신에게서 쫓아낸다. 약자의 입장에 있는 사람은 자신이 놓인 상황을 정확히 알아차리는 힘을 타고났기 때문이다.

그럼에도 "어째서? 왜?"라고 묻고 싶은 것은 자꾸자꾸 생긴다. 예를 들어 서두에서 썼던 손자의 '띄어쓰기'에 대한 의문처럼 말이다. 하지만 학교에서 선생님에게 질문하는 것은 아무래도 어울리지 않는 일이라고 정확하게 알아채기 때문에 질문할 수 없게 되는 것이다. 그중에는 꿋꿋이 주저하지 않고 질문을 계속하는 아이도 있지만, 그렇게 되면 '분위기 파악을 못하는 아이'라고, 요즘 유행하는 험악한 진단명들이 붙어서는 '문제 있는 특별한 아이'로 취급 당한다. 그리고 학교는 '특별지원'을 한다면서 별도의 교실에 아이를 나누어버리는 횡포를 부리기도 한다.

지식을 다각도에서 받아들이다

또 하나 학교 과제에 쫓기는 시간 속에서 잃어버리는 것에는 아이의 생활체험이 있다. 생활 속에서 우연히 마주치는 체험은 인간이 사물을 생각하고 그것을 전개하는 토대가 된다. 그런 것이야말로 공부의 핵심이 되는 것이다. 어른은 사회체험 속에서 쓰라린 경험을 했을 때 "좋은 공부가 되었습니다"라고 말하는데, 그 표현이야말로 맞는 말이다. 자신의 체험을 통해 배우기 때문이다. 그런데 학교 공부는 그렇지가 않다. 체험의 토대 없이 지식만을 밀어 넣는다. 그러나 그것은 알맹이 없는 빈 상자를 겹쳐 쌓는 것처럼 무너지기 쉬운 허무한 작업이다. 한편, 살아 있는 체험을 기반으로 한 지식은 인간에게 기쁨과 확신을 가져온다.

다시 한번 내 어릴 적 체험이 떠오른다. 또 옛날이야기냐고 할지도 모르겠지만, 지금부터 쓰는 것은 시골에서 어린 시절을 보낸 내게 잊을 수 없는 기억 중 하나다.

열 살쯤의 이야기다. 어느 여름날, 아버지께서 일을 시키셨다. 외양간에 있는 커다란 우유통의 우유를 냄비에 가득 담아 넘치지 않을 정도로 끓여서 조금 식힌 다음, 한 되들이 병에 넣어서 양동이에 채운 우물물에 담가 식혀두라는 것이었다. 그 일은 매일 어머니가 하시던 거라서 본 적은 있지만 어머니가 안 계실 때 혼자서 하는 것은 처음이었다. 그 말을 남기고 아버지는 밖에 일하러 나가시고 집 안에는 아무도 없었다.

나는 말씀하신 대로 주의를 기울여 냄비에 우유를 데우고 조금 식힌 후에 어머니가 항상 하던 모습을 머릿속에 떠올리면서 알루미늄의 깔때기를 한 되들이 병 입구에 얹어 우유를 조금씩 옮겨 담았고, 그 병을 욕실에 퍼두었던 차가운 우물물에 담갔다. 그런데 그 순간, 쨍하는 소리가 나며 한 되들이 병에 균열이 생기고 순식간에 양동이에 담긴 물이 하얗게 되고 말았다.

가슴이 철렁한 나는 생각했다. 분명 아버지에게 혼날 텐데 들키지 않게 다시 해야 한다. 조금 더 식혀두어야 했는지도 모른다. 깨진 병을 조심해서 정리하고 대신할 병을 잘 씻었다. 자아, 다시 한 번 해보는 거야. 이번에야말로 잘 식혔다고 생각하면서 쭈뼛쭈뼛 한 번 더 양동이 물에 담갔지만 또 실패. 이번에는 파삭거리는 소리와 함께 조용히 깨져버렸다. 아무리 조용히 깨졌다고는 해도 양동이에 우유물이 생겨버린 것에는 변함이 없다. 아아, 또다시 실망했지만 이대로 그만둘 수는 없었다. 어린 동생들의 소중한 마실 거리였던 것이다. 소가 통에 가득 찰만큼의 우유를 베풀어주어 다행히 나는 세 번째 도전을 했고 간신히 아버지가 말씀하신 일을 완수할 수 있었다.

이때 나는 꽤 진지했을 것이다. 지금까지도 그때 장면을 영상처럼 떠올릴 수 있다. 그리고 그 체험을 한 지 몇 년 후 중학생이 된 어느 날, 이과 수업에서 온도에 따른 물질의 팽창과 수축의 법칙을 배웠을 때, '그렇구나, 그거다!' 하며 눈앞이 환해지는 것같이 그 법칙을 납득했던 것을 똑똑히 기억하고 있다. 어린 시절 그렇게 갈팡질팡했던 것이 원리와 법칙의 모양으로 정리되어 풀렸기 때문에 나는 더욱 기뻤던 것이다. 시험에 나오더라도 절대 틀리지 않는다. 이것은 나에게 가장 와 닿고 확실한 지식 중 하나가 되었다.

이것은 하나의 사적인 에피소드에 지나지 않는다. 더구나 한 세대, 두 세대도 전의 일이다. 그러나 이런 여러 가지 체험이 있었기 때문에 나는 학교에서의 교과 공부 이전에 무엇이 필요한가를 확신할 수 있었다. 풍부한 생활체험, 충분히 몸과 마음을 쓰는 행위, 그리고 그것들을 신체에 깊이 익숙해지도록 만드는 시간. 이런 것들이 다음에 배움의 토양이 되어 천천히 사람의 지혜를 키워나가는 것이다.

인터넷이 세계를 둘러싸고 있고 이제는 모든 것을 돈으로 사는 정보와 소비의 시대가 되었다. 그 고속의 시대에서 생활체험과 같은 태평한 말은 통용되지 않는다고 할지 모르겠다.

그러나 아이들은 변함없이 자신의 몸을 통한 체험을 하고, 그것을 통해 배우고 싶어 한다. 몸이야말로 살아 있는 것의 기본이기 때문에 당연한 것이다.

그렇다고 해서 학교 공부의 형식이 전부 무의미하다고 생각하는 것은 아니다. 그것은 개별의 생활체험과는 다른 의미를 가지고 있다. 다시 말해, 아이에게 보편적인 개념을 주고, 추상적이고 기호적인 사고를 키운다는 점이다. 앞의 우유와 깨지는 병의 예에서 본 '온도에 따른 물질의 팽창과 수축의 법칙'처럼 말이다. 그러나 개별체험의 축적이 없는 곳에 개념만 집어넣다 보면 우주인 체형처럼 머리만 커지게 되어 아주 불안정해질 것이다. 그것은 1990년대부터 일본 문부과학성의 행정이 열심히 외치고 있는 '살아가는 힘'을 키우는 것과는 전혀 반대의 결과를 낳는다.

다음의 산수와 수학 공부를 예로 들어 생각해보자.

생활의 지식, 학교의 지식

1970년대에 나는 몇 년 동안 같은 지역의 부모들과 함께 아이들이 배우는 산수와 수학이 얼마나 비정상적인지 연구하는 활동을 했다. 당시 산수교과서가 학습지도요령의 개정과 함께 갑자기 어려워지면서 아이들이 억지로 빠르고, 어려운 공부를 강요받았던 것이 그 연구 활동의 계기였다. 학부모회에서 부모들은 왜 그런 공부를 해야 하는지 물었지만, "학교 공부에 관해서는 적합한 전문가들이 잘 생각해서 결정하고 있습니다. 부모님들은 전문가가 아니니까 그냥 안심하고 학교에 맡겨주세요" 라는 대답만 돌아올 뿐이었다. 그런 대답을 들었다고 부모들이 납득할 리 없다. 그래서 그 '적합한 전문가들'은 무슨 생각을 하는 건지 우리끼리 연구회를 만들어서 알아보자고 한 것이 그 시작이었다.

앞서의 궁금증을 좇아가다보니 그 배경에 있는 미국과 소련의 긴장, 다시 말해 냉전하의 군사경쟁 모습이 나타났다. 1957년 소련이 군사경쟁의 상징인 인공위성 스푸트니크호를 쏘아 올리면서 선두를 빼앗긴 미국은 반격을 위해서 1960년대부터 학교교육을 새롭게 하기 시작했다. 어릴 적부터 엘리트 양성을 시작했고, 이과와 수학과 교육의 대폭적인 '레벨업'을 계획했다. 그것이 '교육의 현대화'라고 불리며 일본에 파급된 것이다. 너무나 어렵고, 빠른 학교 공부를 따라가지 못하는 아이들을 위한 학원이 일본 각지에서 속속들이 생겨나고 '학습낙오자落ちこぼれ' 라는 말이 세상에 등장하더니 유행처럼 퍼지기 시작했다. '인공위성이 날면, 아이들이 학원으로 달려가는구나' 하고 나는 국가와 학교교육의 노골적인 관계를 처음으로 깊이 알게 되었다.

그때의 눈으로 현재를 바라보고 있으면 이번에 일어난 후쿠시마 원전재해에 깔린 의도와 겹쳐진다. 예전에 '교육의 현대화' 라는 이름 아래 아이들이 어려운 공부에 내몰렸을 때, 미국은 핵무기 보유와 확충, 그리고 핵능력 과시를 노리고 '원자력의 평화적인 이용'이라는 이름 아래 원자력발전소를 늘렸다. 미국 산하에 있는 일본에서도 원전이 계속 만들어졌다. 그러더니 결국 이번 원전대참사에 이르렀다. 국가의 생각이 아이들에게 고통을 주는 관계의 도식은 이렇게 현재도 같은 모습으로 계속되고 있다.

살아온 경험에서 출발

산수 교육과 수업에 대한 이야기로 돌아가자. 당시 우리 부모들의 활동을 알게 된 수학자 한 분이 모임에 편지를 보내주셨다. 이야나가 겐이치弥永健一라는 그 수학자는 학교에서 배우는 산수, 수학 공부의 현실에 의문을 가진 우리 부모들의 문제의식에 공감했다고 하면서 아이들의 생활체험을 도외시하고 빠른 속도로 진행되고 있는 산수와 수학교육의 억압성에 대해 이렇게 말했다.

"(중략) 두 개의 과자를 셋이서 나눠 먹거나, 한 개의 양갱을 넷이서 나누거나, 손뼉치고 노래하고 춤추고 하는 것. 구슬놀이를 하면서 자기 구슬이 친구의 반 밖에 없다는 것을 알고 실망하기도 하고……. 이런 모든 것이 분수라는 개념의 씨앗을 받아들이는 토양 같은 거라고 생각합니다. 분명 몇 개의 양갱을 나눠 먹더라도 거기에서 1/2, 1/3 같은 개념이 떠오른다고 장담할 수는 없습니다. 결국 살아온 경험이 풍부하지 못한 곳에서 철저히 배운다고 해도, 그것은 모래땅에 떨어진 씨앗처럼 말라서 굴러다니다가 싹을 틔우지 못하고 끝날 것입니다. 다양한 경험이 한 줄기 빛을 받아, 그 경험 속에서부터 공통된 하나의 것을 드러낼 때 하나의 개념이 추출됩니다. 그런 개념이

의식화되었을 때 우리들은 하늘을 나는 새처럼, 새로운 차원에서 지금까지의 체험 하나하나를 보고, 게다가 그것을 훨씬 뛰어넘어 새로운 지평을 보는 것이 가능합니다. 하지만 새가 땅 위의 풀이나 벌레를 먹기 위해 끊임없이 내려올 수밖에 없는 것처럼, 추상적인 개념도 끊임없이 구체적인 사항과 서로 관련시키지 않으면 바싹 말라버릴 것입니다."

이 글에는 생활체험과 그 개념화의 관계가 알기 쉽게 묘사되어 있다. 땅 위에서 먹이를 쪼아 먹는 것과 넓은 하늘을 나는 것, 어느 한쪽만으로 새는 살아갈 수 없다("그럼, 타조랑 집오리는요?" 하고 아이들이 물어볼 것 같지만). 이야나가 씨의 표현에는 사람에게 즐거움과 해방감과 힘을 부여해주는 배움이라는 것이 과연 어떤 것인지 아름답게 나타나 있다.

아이들은 지금도 알고 싶고, 생각하고 싶다

아이들은 옛날에도 지금도 변함없이 뭐든 하고 싶고, 알고 싶고, 배우고 싶은 생명체이다. 아이들 자신이 그 필요성을 알고 있다. 어른들이 하고 있는 일은 그게 뭐든지 "내가 할게, 내가"라며 하고 싶어 하고, 몸을 사용해서 노는 것을 제일 좋아하기 때문이다. 그런 아이들인데 어른들이 "요즘 아이들은 무기력해졌어" 같은 말로 아이들 탓을 하고, 욕을 하고 있는 형편이다. 활력을 잃어버린 데는 당연히 이유가 있다. 하고 싶은데 시켜주지 않고, 알고 싶은데 대답을 듣지 못한다는 것을 아이들이 점점 알아챈 것이 틀림없다. 학교에 가고 싶지 않은 아이들이 늘어난 것도 분명 이런 것과 관계없지 않다.

지금 어린 나의 손주들만 봐도 아이들은 예전과 하나도 달라지지 않았다고 생각한다. 아이들은 뭐든지 하고 싶고, 알고 싶고, 생각하고 싶다. 즉, 배우고 싶다. 오랜 세월 유치원이나 어린이집에서 일해온 교사들도 그런 감상을 종종 이야기하는 것을 보면, 꼭 틀린 것만은 아닐 것이다. 어른 또한 아이들의 질문을 통해 많은 것을 생각하고, 배우고, 즐긴다.

이런 생각을 하고 있는 사이에도 이제 막 일곱 살이 된 손녀가 질문해온다. "왜 바퀴벌레만 퍽 하고 세게 때리는 거야?"

그렇다. 왜 바퀴벌레만 특별히 눈엣가시로 생각해버리는 걸까? 그러고 보니, 나도 오랜 세월 그게 참 이상하다고 생각했던 것이다. 병균을 옮기는 해충이라는 의미에서는 파리도 다르지 않은데 바퀴벌레에 대한 거부반응은 그 수준이 다르다. 바퀴벌레가 검고 반짝이는 것과 관계있는 것 같기도 하지만, 도대체 왜 그런 걸까? 정말로 '왜 바퀴벌레만……?'이라고 묻고 싶다. '분출하는 그 적의감은 뭘까?', '곤충학자들 중에는 그 이유에 대해서 이야기하고 있는 사람이 없을까?' 하고 아이의 질문에 자극을 받아 나도 생각하고 싶어진다.

아이의 질문은 종종 일의 본질을 꿰뚫고 있어서 어른들을 깜짝 놀라게 한다. '그러고 보니 그러네. 왜 그럴까?'라고 말하면서 아이들 덕분에 어른들은 몸과 마음이 굳어진 자신들의 일상을 풀고 신선하게 즐긴다.

서로를 보고 배우는 친구로

이런 일도 기억난다. 아들이 중학생이었을 때, "왜 자살하면 안 되는 거지? 엄마는 어떻게 생각해요?"라고 물어온 적이 있다. 옆자리의 여자아이가 '자기 목숨은 자기 것이니까 스스로 버려도 괜찮다'고 매일 말하고 있어서 아들을 포함한 주변 친구들이 뭐라고 말해서 그걸 멈추게 할까 난처하다는 것이다. 주방에서 쓰레기를 치우고 있던 나는 "꽤 어려운 이야기네. 내일까지 생각해볼게"라고 말하고 시간을 얻어서 하룻밤 생각해보았다. 그리고 다음 날, "목숨이라는 건 자기만의 것이 아니라 주변 사람들의 것이기도 하니까 자기 마음대로 버려서는 안 되는 거야. 자기 목숨은 자기 거라고 말하는 건 착각이라고 엄마는 생각해"라고 이야기했다. 아들은 "그렇구나, 그렇게 생각할 수도 있구나"라고 말하고 자리를 떠났지만, 나는 그 질문을 그 후에도, 지금도, 계속해서 생각하고 있다. 최근 몇 년 동안 일본에서 자살한 사람은 3만 명 이상이다. 그러한 사실은 '자신의 목숨은 다른 사람의 것이기도 하다'는 것을 절대 생각할 수 없는 사람들, 즉 사람과의 관계를 끊어버리고만 사람들이 얼마나 많은가 하는 것을 보여주고 있다. 지금이라면 나는 중학생 아들의 물음에 뭐라고 대답할까? 역시, '자신의 목숨이 자기 것만은 아니다'라고 변함없이 말하고 싶지만, 그다음에는 뭐라고 해야 할까? 여러분의 생각은 어떤가?

아이들과 함께 생활하다보면 어른들은 그들의 숙제를 이런 식으로 다양하게 껴안게 된다. 그리고 어른들도 등 떠밀려서

겨우 사물에 대해 생각한다. 세키 히로노関曠野라는 학자는 책에서 이렇게 썼다. “현대인은 이 위기의 시대에 왜 아이를 낳고 키우느냐는 질문을 받는다. 어딘가에서 속삭이듯이, 그 물음에 답하는 목소리가 들려온다. ‘언제까지나 이 세상에서 아이가 어른의 스승으로 있게 하기 위해서’라고”(《아이 이론을 읽다子ども論を読む》, 고다니 사토시小谷 敏 엮음). 그렇다. 정말 맞는 말이라고 공감한다. 세키 씨는 아이들과 교육에 대한 발언을 꾸준히 해오고 있는 분이다.

아이들의 물음에는 보람과 깊이가 있다. 아이들은 호기심쟁이에다 생각쟁이다. 그렇기 때문에 아이들이 모이는 학교는 원래라면 너무나도 재미있는 장소여야 한다.

학교에서 넉넉한 시간, 그리고 다양한 인간관계가 존재했으면 좋겠지만, 안타깝게도 그건 금방 이루어지지 않는다. 그러니까 적어도 학교 밖에 있는 어른들이라도 생각하고 싶고, 배우고 싶은 아이들의 협력자로서 아이들을 속이지 않으면서 그 곁에 있었으면 좋겠다. 어른은 아이의 선생님, 아이는 어른의 선생님, 서로를 보고 배우는 둘도 없는 소중한 친구로서 말이다.

왕따와 등교거부

학교 – '언제나'가 있는 곳

〈학교의 좋은 점〉이라는 초등학교 4학년 여자아이의 시가 있다. 《마음의 전문가는 필요 없어》라는 내 책에서도 인용한 적이 있는 이 시는 학교의 매일을 노래하며 일상의 본질을 우리에게 확실히 전달해준다.

> 학교의 좋은 점
> 고민을 들어주는 선생님과 친구가 있다
> 늘 있는 교실, 늘 있는 공부, 늘 있는 쉬는 시간
> 늘 있는 일을, 늘 그랬듯이, 늘 하던 대로
> 모두 늘 있으니까 학교에 갈 수 있다
> 싸우더라도, 왕따가 없으면 괜찮다
> 늘 있는 일들이 두려워지면, 학교에는 갈 수 없다
> 나는 늘 있는 일이 즐거우니까, 학교에 갈 수 있다

초등학교 교사인 친구가 "꽤 오래전에 신문에 실렸던 한 아이의 시인데" 하고 내게 소개해줬기 때문에 안타깝게도 지은이를 알 수는 없다. 이 시에는 친숙한 장소인 학교의 모습이 순수하게 그려져 있기에 정말 그렇다고 더더욱 납득한다. '늘' 있는 일들이 조용히 그리고 든든하게 자신을 받쳐주어 그 안정감이 생활의 토대가 된다는 걸 아이는 깨닫고 있다. 행사나 사건들의 즐거움도, 안정감을 주는 '늘' 있는 평범함 때문에 가능한 것이다.

하지만 '늘' 있는 일이 두려워지면 학교에는 갈 수 없다. 그 두려워지는 일의 대표적인 예가 왕따일 것이다. '싸우더라도, 왕따가 없으면 괜찮다'는 부분은 학교에 갈 수 없어 결국 '등교거부'를 하게 된 아이들의 기분과도 연결되어 있을 것이다. 친구들의 뒤틀린 악의 때문에 자신이 있을 곳인 학교가 너무나 무서운 장소가 된다.

아이는 싸우는 건 괜찮다고 말하며 왕따와의 차이를 확실히 하고 있다. 분명 아이들의 세계에서 옛날부터 싸움은 예삿일이었다. 오히려 싸움이 있고 그것을 말리는 사람이 있어 친해지기도 한다. 그렇지만 왕따는 다르다. 집단의 악의로, 그것도 매일 이어지는 잔혹한 따돌림이기 때문이다. 돌이켜보면 우리 어른들은 아이들의 싸움을 단순히 말리기만 하지 않았던가. '싸우면서 친해진다'와 같은 포용력 있는 관점과 사고방식을 잊고서 말이다.

왕따의 표적이 된 아이의 괴로움은 얼마나 깊을까. 무엇보다 친구가 소중할 때 말이다. 그 괴로움을 자존심 때문에 어른에게 말하지 못하고, 참기만 하다가 심신은 지칠 대로 지쳐 나가떨어져서 결국 학교에 갈 수 없게 된다. 때로는 고통스러움에 숨을 쉴 수 없게 되어 작은 생명을 스스로 끊었다는 참혹한 보도를 접한다. 앞 장에서 나는 아이들은 서로가 친구를 불러 모은다고 썼는데, 이제 서로를 불러 모으기는커녕 싫어하고 상처 주는 것을 어떻게 생각하느냐고 되묻고자 한다. 가슴 아픈 그런 뉴스들 뒤로 "친구가 소중해, 친구가 필요해!"라는 아이들의 외침이 들려온다. 왕따 당하는 쪽은 물론, 왕따를 시키는 쪽도 괴로운 경험 속에 있는 것은 분명하다.

일본 법무성 조사 보고에 따르면 학교에서의 왕따 건수가 증가하고 있다고 한다. 연도별 자료를 살펴보면, '학교에서의 왕따 사안'은 2005년에 716건, 2006년에 973건, 2007년은 2152건, 2008년 1923건으로 증가 경향을 보이고 있고, 2010년에는 2714건으로 급증했다. 왕따는 살아 있는 생물처럼 붙잡기 힘든 현상으로 숫자와는 어울리지 않는다고 나는 생각하지만, 적어도 왕따라고 불리는 행위가 차츰 늘어가고 있다는 것은 부정할 수 없는 듯하다. 그 배경은 무엇일까.

흔히 친구들에게 따돌림을 당하지 않기 위해서 아이들이 왕따에 가담하는 것을 그만둘 수 없다고들 말한다. 왕따 뒤에는 친구 관계에 대한 갈망이 소용돌이치고 있다. 친구와 함께 무언가를 하고 싶다는 강한 소망. "왕따의 연대감에 사로잡힌다"라는 젊은이의 경험에서 우러나온 말을 가슴 아프게 들었던 적이 있다. “좋은 점수를 받기 위한 경쟁만을 강요당하고 친구와는 친해질 수 없는 학교에서 왕따가 놀이처럼 되어 어느새 신이 나버린다”라고. 아이들의 이런 말을 알아듣고, 그 깊은 원인을 파고들어 어른들이 만든 이 세계의 잘못에 대해 주의 기울여 생각할 기회로 삼아나가야 할 것이다. 그것이 고통 속에서 짧은 생을 마친 아이들에 대한 최소한의 공양이라고 생각한다.

살아 있어도 좋은 게 없다

잇따른 아이들의 ‘왕따 자살’을 둘러싸고, 대중매체에서는 여러 의견이 넘쳐나고 있다. ‘왕따를 시키는 쪽의 마음의 문제이다’, ‘가정교육의 쇠퇴가 원인이다’, ‘괴로움을 견뎌내지 못하는 연약함이……’ 등 무책임하게 마구 비난을 퍼붓는 것이다. ‘어른들을 믿고 상의하렴’, ‘세상은 넓단다’, ‘혼자가 되어도 괜찮아’, ‘학교에 안 가도 괜찮단다’, ‘죽지 말고 도망쳐’ 등의 격려 메시지도 있다. 후자의 호의적인 메시지에 도움을 얻는 아이들도 물론 있을 것이다.

하지만 아이들이 과연 어른들을 믿지 않아서, 시야가 좁아서, 혼자가 될 수는 없어서, 도망칠 수 없어서 죽어가는 것일까. 물론, 어떤 면에서는 그럴 것이다. 그러나 분명 그것만은 아니다. 그런 생각의 근본에 있는 ‘살아 있어도 좋은 게 없으니까’라는 이 시대, 그리고 미래에 대한 절망을 알아차려야만 하는 것 아닐까. 어른 사회가 초래한 좌절감은 아이들 세계에도 당연히 번지고 있다. 왕따뿐만 아니라 도대체가 지금 아이들의 표정에 생기가 옅어지고 있는 것이 걱정이다.

아이들과 젊은이는 시대의 행방을 어른들보다도 훨씬 예리하고 정확하게 알아차리는 생명체이다. 어른은 과거와 함께하며 거기에 의지해 살아가는 것이 가능하지만, 아이들과 젊은이는 미래를 감지하고 거기에 의지해 살아갈 수밖에 없다. 그렇기 때문에 더욱 희망이라는 기댈 곳이 꼭 필요한 것이다. 비록 미약한 빛이라고 할지라도 어린 생명은 재빠르게 그것을 찾아낸다. 싫은 일이 산만큼 있다고 해도 단 하나의 즐거움만 있으면 아이는 그것을 마음에 품고 잠든다. 예를 들면 내일 친구를 만난다는 즐거움. 친구와 한 약속.

"어째서 매일 학교에 갔던 걸까……. 분명 매일 친구들과 볼일이 있었기 때문이에요. 오늘은 이 만화책을 그 친구에게 빌려주기로 약속했다거나, 내일은 옆 반 친구에게 빌려줬던 CD를 돌려받는 날이라거나. 피곤해서 오늘은 학교에 가지 말까 생각했다가도 이런저런 약속이 있어서 어쩌다 보니 매일 학교에 갔었죠." 어떤 대학생이 중·고등학생 시절을 돌이켜보며 이야기한 학교에 가는 이유다. 정말 그렇다고 생각한다. 아이에게 있어 학교라는 '늘 있는 세계'의 모습은 이런 게 아닐까. 그 '늘'의 모습이 파괴되어 학교가 두려워지는 순간 아이는 학교에 갈 수 없게 된다.

왕따의 뿌리

일본에서 아이들 사회의 따돌림이나 음습한 공격이 '왕따'라는 말로 공론화되기 시작한 것은 1980년대 후반이다. 그것은 '교내폭력'이 경찰의 힘으로 제압된 후의 일이다. 그즈음 '등교거부'를 하는 학생 수도 계속 증가해서, 문부성·문부과학성의 '학교기본조사'에 따르면 연간 50일 이상 학교를 결석하는 초등·중학생은 1990년대 전반에 5만 명을 넘었다(2009년도에는 연간 30일 이상 결석자가 12만2400명, 2010년도에는 대지진의 영향으로 도후쿠 지방의 3현을 제외한 잠정치가 11만5000명).

1980년대 이후, 일본에서는 아이들의 왕따와 등교거부를 없애기 위한 여러 가지 교육시책이 등장했다. 1990년대 중반에 학교상담사가 학교에 배치되었던 당시는 마치 이로써 문제가 해결되는 듯한 보도 열기가 있었다. 그러나 그 기세도 어느새 꺾이더니 대신 아이들에 대한 엄벌주의가 등장했다. 왕따를 시킨 아이를 출석정지하게 만드는 방안도 등장했다. 하지만 중요한 것은 대응방법이 아니라 왕따 문제의 뿌리에 있다. 거기에는 '인간을 지나치게 평가하는 사회의 진행'이 자리하고 있다. 왕따를 단순히 아이들 사회의 현상으로서가 아니라 궁극까지 다다른 소비·정보사회 속의 어른들 문제로 먼저 파악하지 않으면 안 되는 것이다.

험담으로 겨우 이어지는 어른 사회

아이들의 왕따 문제를 생각할 때, 지금 어른끼리의 관계는 어떤가에 대해 생각하는 것이 순서일 것이다. 아이들 사회는 분명 어른 사회의 실상을 그대로 모방하고 있기 때문이다.

나는 예전에 어느 좌담회에서 이런 이야기를 듣고 충격을 받았다. 초등학생 아이를 둔 엄마가 말했다. "요즘 아이들이 친구 관계에서 고생하고 있다지만, 그건 아이들뿐만 아니라 어른도 마찬가지예요. 서로 신뢰할 수 있는 친구 관계라는 건 이미 우리 세대에도 어렵지 않나 싶어요. 친구라고 해도 그건 같이 차나 마시는 정도의 형식적인 관계를 말하는 거고요. 같이 행동하지만 서로를 믿는 건 아니거든요. 예를 들어 네 명이서 차를 마시거나 할 때, 볼일이 있어서 먼저 가고 싶어도 그러지 못해요. 혹시라도 먼저 자리를 뜨면 남은 세 명이 바로 자기 험담을 시작한다는 걸 알거든요."

나는 내심 놀라며 말했다. "그런 건 안심할 수 있는 친구도 뭐도 아니에요. 왕따 구도, 그 자체네요."

그 자리에 없는 누군가, 또는 입장이 약한 누군가를 흉보는 것으로 연대감을 만드는 것은 왕따라고 불리는 행위의 뿌리에 있는 것이다. 사람을 흉보며 연대감 비슷한 기분을 느끼는 것이 어른의 '친구 관계'가 되어 있다면, 아이들의 왕따 구도도 그것과 다르지 않다. 왜냐하면 아이들은 어른 사회의 공기를 마시고, 자연스럽게 그것을 모방하는 존재이기 때문이다.

'그곳에 없는 사람의 험담을 한다'는 집단의 행위는 물론 옛날부터 있었다. 사람들 사이에서는 '세상에서 제일 재미있는 일이 콩을 먹어가며 남의 험담을 하는 것'이라는 그런 은밀하면서도 노골적인 말이 있을 정도다. 유감스럽게도 나를 포함해 인간은 심술궂고 상스럽다.

하지만 적어도 한 시대 전의 세대에서는 그것은 피해야 하는 것으로 배웠고, 꺼리는 감각을 공유하고 있었다. 가령 그런 화제가 나오더라도 "없는 사람 이야기를 해봤자 뭐 하겠어"라고 형식적인 말이나마 덧붙이는 게 당연한 일이었다. 또한 "그 사람보다는 이 사람이……"처럼 비교하는 말투에 대해 "사람을 비교하는 것은 교양 없다"라고 훈계하는 어른의 말을 들으며 나는 어린 시절을 보냈다. 공동체에서의 험담은 인간관계를 무너뜨리기 때문이다. 하지만 요즘, 그 제동장치가 빠져서 어디에서나 당당하게 부정적인 이야기를 주고받고, 그런 것들로 사람이 '이어지고' 있다고 생각한다면 과연 그 배경에는 무엇이 있는 걸까.

소비사회가 좀먹은 인간관계

'누군가의 험담 외에는 화젯거리를 찾을 수 없다'는 게 하나의 씁쓸한 답일 것이다. 정보의 세계만 커져서 생활세계가 줄어들고 말았기 때문이다. 하지만 문제를 조금 더 깊게 보면, 그 뒤에 '무엇이든지 값을 매기는 것이 당연해진 철저한 소비사회의 출현'이라는 답이 있는 것 같다.

작은 차이를 찾아내 그것을 비교 평가하는 한 명 한 명의 훈련된 소비행동. 그것에 의해 지탱되는 사회. 야채, 과일, 약, 의류, 의료, 교육……, 그리고 인간. 인간을 값 매기고 평가하는 것이 당당하게도 차 마실 때의 이야깃거리가 되어간다. 거기에는 공격적인 감정이 따른다. 뭐든지 비교하고 값을 매기는 행위가 몸에 배어버린 것이다. 그 속에서 서로를 의심하게 되고, 험담을 화제로 맞추는 것 밖에는 서로를 잇는 것이 없어지면서 언제 자신이 제외될 것인가 걱정한다. 누구와도 친해지지 못하고 모두가 고독하다.

엄마들이 그런 상황이라면 아빠들, 젊은이들의 관계도 분명 비슷할 것이다. 실제로 어느 젊은이에게 방금 전 엄마들의 차 마시는 자리 풍경을 이야기했더니 "아아, 그건요. 저희들 관계에서도 자주 있는 일이에요"라는 답이 돌아왔다.

값을 매기고 평가하고 비교하고, 그리고 선택하고 잘라버리기. 아이들에게 미안하게도, 그런 무례한 행위는 애초부터 학교제도 속에서 사람들이 오랫동안 거리낌 없이 행해왔던 것이다. 학업성적평가, 행동평가, 성적서열, 등급을 매기기 위한 표준점수, 고교순위와 입시선발, 대학평가와 서열화……. 긴 세월에 걸쳐 아이와 젊은이를 평가와 경쟁에 노출시키는 체제의 행위를 우리 어른들은 '학교공해'라고 분노하면서도 중단시킬 수 없었다. 그런데도 아이들은 자신들의 친구 관계를 꿋꿋이 지켜왔다고 생각한다. 단, 학교 밖의 어른 사회에 그나마 사람들의 유대가 남아 있어서 노골적으로 사람을 값 매기는 일에 어떻게든 제어장치가 있었던 때까지는 말이다.

그런데 1980년대 이후 소비사회의 급격한 진전은 물건의 값 매기기와 평가, 비교와 선택, 잘라버리기와 배제의 행위 대상을 당연하다는 듯이 인간에까지 넓혔다. '쓸모 있다', '쓸모없다'와 같은 노골적인 표현을 인간에게 쓰고, '연봉 얼마'라는 숫자의 범람, 격차사회의 진행까지. 값 매기기와 선택 · 잘라버리기의 감각과 행위를 몸에 배게 하는 것이 소비사회를 살아가는 조건이 되었다. 좋은 물건을 조금이라도 싸게 손에 넣는 재치를 가졌으면 하는 소망. '현명한 소비자가 됩시다'라는 메시지. 이러한 행위에 따라 이뤄지는 소비사회는 인간까지도 아무렇지 않게 값을 매기고, 사람과 사람의 사이좋은 관계를 파괴하는 데까지 관계되어 있다. 그런 가혹함에서 도망쳐서 살아있는 관계가 없는, 가상의 세계에 틀어박히는 사람들도 늘어나고 있는 것 같다.

아이들의 왕따 행위는 어른들을 모방한 것이라고 말할 수 있겠지만, 그보다 이해하기 쉽게 설명하자면 자신들이 태어난 사회에 몸을 맞추려는 행동이라는 관점일 것이다. 매일매일 값 매기기와 평가, 비교가 반복되는 학교와 사회에서 아이들은 '인간이란 가격표를 붙이고 붙여지는 존재이다'라는 인간관을 갖게 된다. 그리고 그것을 친구와의 관계에서 실행하더라도 어른은 그런 행동을 나무랄 자신과 힘 있는 말을 갖고 있지 않다.

인간을 포함해 모든 대상의 조그만 차이를 찾아내서 평가하고, 선택하고, 버리는 것으로 성립되는 듯이 보이는 사회. 많은 사람들이 겁쟁이가 되어버린 사회. 그것이 아이들 사회에서 일어나는 왕따의 배경에 있다는 것을 반성과 함께 깨달았으면 한다.

일전의 원전대참사를 막지 못했던 어른 사회는 깊은 반성과 함께 탈脫원전 사회로 나아가려고 하고 있다. 적어도 그것을 지향하는 사람들이 늘고 있다. 탈원전을 지향함과 동시에 탈소비사회로의 길 또한 동시에 추구해야 할 것이다. 그렇지 않으면 생활 속에서 사람들의 관계도 변하지 않는다. 소비 일색의 생활을 되묻는 마음이 전제되어야만 아이들과 어른들을 괴롭히는 왕따 사회로부터의 탈출구가 어렴풋이 보이게 되는 것 아닐까?

친구들과 생활할 수 있는 지역의 학교로

사람의 몸과 땅이 이어지는 익숙한 장소. 지역이란 그런 둘도 없이 소중한 성질을 가지고 있다. 앞서 소개한 초등학생의 시에서 표현을 빌리면, "늘 있는 곳"이다. 늘 바라보는 풍경, 늘 만나는 사람들, 늘 있는 공기. 일터나 여행지에서 지하철을 타고 돌아와 늘 내리는 역에 내리면서 안심할 수 있는 것은 다른 곳에서 얻을 수 없는 익숙함이 가져다주는 안정감이다.

익숙함이 갖는 힘은 시간의 산물이기 때문에 돈으로 살 수 없다. 동일본대지진과 함께 발생한 도쿄전력 원전재해를 용서할 수 없는 것은 그 땅에 살아온 사람들의 '익숙함'을 빼앗았기 때문이다. 시간이 아로새겨진 땅을 부흥시키고 거기에서 다시 살아가는 것을 어렵게 만들었기 때문이다. 사람들의 생활을 지켜봐온 선조대대의 묘, 오랫동안 봐와서 익숙한 풍경, 그리고 고향을 빼앗긴 아이나 어른의 상실감은 얼마나 컸을까? 지역에서 생활한다는 것의 의미를 다시금 깨닫는다.

예전에는 한창 일할 나이의 사람들도 논밭, 바다, 상점가 등에서 일하며 지역에서 살았다. 지역은 다양함과 깊이가 있는 곳이었지만 지금은 변했다. 회사원은 물론 많은 젊은이들도 지하철이나 버스를 타고 멀리 통학한다. 하루의 대부분을 보내다 보면 지역보다는 직장이나 멀리 있는 학교가 '늘' 있는 곳이 된다. 집과 지역이 잠을 자기 위한 곳이 된 지 오래다. 그래도 지역은 사람들에게 소중하다. 어린아이나 나이든 사람, 또한 그런 사람을 돌봐주는 어른이 거기에서 하루를 보내고 가족의 생활을 만들어가고 있기 때문이다.

지금 지역과 밀접한 생활을 하고 있는 것은 아이들과 노인들이라고 하겠다. 어린아이, 나이든 사람은 멀리, 넓은 곳까지 돌아다닐 체력이 없기 때문에 집에서 그리 멀리 떨어지지 않는다. 둥지에서 사는 동물들처럼 말이다. 집 근처에 사는 사람들끼리는 서로 자주 마주치고, 때로는 모여서 낯익은 관계를 만든다.

아이를 돌봐야 하는 부모들도 아이들이 매개체가 되어 서로 알게 되고, 도움을 주고받고, 친해진다. 아이들이 집에서 나와 걸어갈 수 있는 거리에 있는 학교라는 장소는 지역에서 없으면 안 되는 곳이다. 아이들과 학교는 옛날이나 지금이나 지역의 주축과 같은 역할을 다한다.

지역은 아름다운 모습만으로 이루어져 있지 않다. 다툼이 일상이라고도 할 수 있다. 우연히 만난 다양한 사람들이 함께 사는 곳이기 때문에 당연한 것이다. 하지만 이어진 땅 위에서 우연히 함께 살게 된 사람들이 어떻게든 기분 좋게 살아가려는 노력을 그만둬서는 안 될 것이다. 아이들은 싸우면서 다시 친해진다. 가까운 세상이 중요한 아이들에는 그런 것이 필요하기 때문이다. 아이들의 그런 모습은 지역에서 복닥복닥 살아가는 어른들을 격려하는 공생의 모델이다.

서로 그렇게 다르지 않아

지금의 아이들이나 젊은이들은 인간관계를 만드는 데 있어 그 모델을 어른 사회에서 찾아내지 못한 채 곤혹스러워 하고 있다. 이전에 한 여대생이 왕따와 관련해서 이런 이야기를 했다.

"우리 모두가 학교 안에서 압박이나 재촉을 받다보니, 인격형성에 중요한 사춘기에 빼앗긴 것들이 있어요. 하지만 그게 뭘까 생각할 시간이 없어서인지, 그 없어져버린 것이 지금 어른 사회에 필요도, 요구도 없다는 것을 알고 있기 때문인지 우리는 도려내어진 그게 뭘까 좀처럼 알아차릴 수 없어요."

도려내어진 소중한 것, 그것은 분명 '인간은 모두 그렇게 다르지 않다. 비슷하고 기대기도 하고. 그러니까 서로 돕는 것이다'라는 단순하면서 유연한 사상이다. 작은 차이를 따져서 값을 매기며 하루하루를 보내는 소비사회의 몸놀림에서 벗어나는 길을 진심으로 찾고 싶다. 아마도 그 실마리는 무언가 만드는 시간과 여러 모로 궁리해보는 생활 속에 있을 것이다. 그런 다음에야 겨우 어린아이들이 서로를 필요로 하는, 친한 친구와 함께하는 세계로의 전망이 열릴 것이다.

예전에 나는 지역의 학교에 절망감을 느끼며 더욱 자유로운 다른 장소를 원하던 부모였다. 그러나 지역의 학교는 우연하게 다양한 아이들과 만나는 장소로, 소비사회가 보장하는 선택의 자유가 있는 세계와는 다르다. 그런 장소이기 때문에 더더욱 아이와 함께 왕따나 등교거부 문제를 마주하며 나아가는 것이 중요하다고 자숙하면서 생각한다.

그럭저럭이라면 훌륭하다

'즐겁지 않으면 학교가 아니다'라는 말을 자주 듣는다. 물론 즐거운 것보다 더 좋은 것은 없다. 그러나 그건 너무 욕심 부리는 게 아닐까. 어떤 날은 즐겁고, 다음 날은 평범했다가 그 다음 날은 안타깝지만 괴로웠다가, 또 재미있는 날도 있고. 그런 반복이 어디에서나 보통이지 않을까?

〈도쿄신문〉에서 4컷 만화로 연재되었던 〈치비마루코짱〉에는 부모와 아이가 욕조에서 나눈 이런 대화가 실려 있다.

마루코 : 아빠는 학교 좋아했어?
히로시(아빠) : 좋다 싫다 할 것도. 음……, 보통이었지. 즐거운 일도 있었지만 귀찮은 일도 많았으니까, 그냥 보통!
마루코 : 그렇구나. 나도 그래.
히로시 : 그치? 보통이지?
마루코 : 그래도 꽤 재밌으니까 뭐, 그럭저럭이네!
히로시 : 그러저럭이면 훌륭한 거야.

마지막 장면은 욕조에 잠긴 두 사람의 기분 좋은 얼굴에서 끝난다.

이 정도면 좋지 않을까 나는 생각한다. 이런 모습이 앞서 인용했던 아이의 시에서 '늘'이라는, 특별할 것은 없지만 안정된 시간을 말하는 것이리라. 주변 어른들은 이를 소중하게 지켜주면 그걸로 족하다. 혹시라도 왕따로 아이가 괴로워한다면 그때야말로 어른이 발 벗고 나서 문제와 마주하고, 서로가 지혜를 내놓아야 할 것이다.

티 없이 안심할 수 있는 시간 속에서 아이들은 제각각 자신을 펼쳐나간다. 우연한 만남과 예측할 수 없이 돌아가는 상황 속에서 말이다. 우리는 그렇게 믿고 지역의 학교에 다니는 아이들과 살아가면 좋겠다. 그다음에는 천천히, 앞서 시에서처럼 '싸우더라도 왕따가 없으면 괜찮다'라는 학교 분위기가 만들어져 가기를 바라고 또 믿어본다.

아이들을 나누지 마라

사람은 원래 함께 어우러져야 하는데

"왜 학교에서는 나이가 같은 아이들만 한 교실을 써요?"라고 이웃에 사는 초등학생 여자아이 T짱이 물어온 적이 있다. 지금은 어른이 된 우리 아이들이 초등학생쯤이었으니까 30년은 된 옛날 일이다. 당시의 아이들은 느긋하게 보낼 수 있는 여유가 있었기 때문에 방과 후에 어린 형제를 데리고 이웃의 이 아이 저 아이 집에 모여서는 마당이나 공원, 집 안이나 골목길 등에서 제각각 왁자지껄하게 지냈다. 그날 아이들에게 점령당한 집에서는 대개 간식 시간이 되면 과자와 보리차를 쟁반에 담아 내온다. 초등학교 5학년이던 T짱이 "아줌마, 왜 학교에서는……" 하며 이야기를 꺼낸 것은 우리 집에 아이들이 한데 모인 그런 어느 날이었다.

"왜 그런 생각을 했어?" 내가 말하자, "그게, 항상 나이랑 상관없이 아이들이 모여 있잖아요. 근데 왜 학교만 나이로 아이들을 나누는 걸까 하고요."

안타깝게도 그때 내가 뭐라고 대답했는지 지금은 떠오르지 않는다. 그렇지만 분명, "공부하는 내용이 다르니까 나이가 같은 애들만 모으는 거야"와 같은 진부한 대답을 했을 리는 없다고 생각한다.

하지만 듣고 보니 정말 그렇다. 아이의 질문은 무심한듯 하면서도 종종 근원적인 부분이 있는데, 그때 나는 이것도 그런 만만치 않은 질문이라는 인상을 받았다. 그러니까 그 이후에도 '그러고 보니 학교는 애초부터 아이들을 나누는 곳인가'라고 때때로 T짱의 물음을 떠올리며 생각했던 것이다.

생각할수록 T짱의 물음은 학교의 본질을 예리하게 찌르고 있다고 느껴졌다. 이 질문은 어른의 말로 바꿔버리면, 국가사업으로서의 학교교육의 모습을 향한 아이들 쪽에서의 소박한 의심이라고 말할 수 있을 것이다. 메이지 시대 초기에 만들어진 근대 학교제도는 국가가 정한 공부 내용을 효율적으로 아이들에게 주입하는 수단, 또는 아이들 관리에 안성맞춤인 방법으로 학년과 학급편성을 서서히 도입했다. 이때 아이들은 잡다한 사람들이 한데 어울리는 생활세계에서 동년배로 나뉘어 모인 세계로 옮겨지며 생활의 폭이 좁아진 것이다.

요즘도 학교 이외의 장소에서는 다양한 연령의 아이들이 함께 어울린다. 그것이 사회의 당연한 모습이기 때문이다. 방과 후의 가정, 공원, 가게, 동네 도서관이나 지역아동센터 등에서 엄마 품에 안긴 아기나 막 걸음마를 시작한 아이, 까불고 장난치는 장난꾸러기 집단, 슬슬 변성기에 접어든 소년들, 명랑하게 웃음을 터뜨리는 소녀들이 서로 돌봐주고 도움을 받기도 하고, 싸움을 중재하거나 중재 받거나 하면서, 나이가 다른 사람들이 매일 여러 상황에서 친구와의 관계를 어떻게 해야 하는지 배워나간다. 같은 나이의 친구와 친한 것도 물론 특별하지만, 다양한 연령의 아이들이 함께 있을 때의 풍부함과 즐거움을 T짱은 잘 알고 있었던 것이다. 연령으로 나뉘는 데 부자연스러움을 느낀 T짱의 질문 뒤로 그런 풍경이 보인다.

예전에는 일터에도 아이가 있었다

최근 한 장의 그림을 접했다. 옛날의 교실 풍경을 그린 그림이었다. 근대 학교제도가 시작된 메이지 5년 당시에 그려진 듯했다. 벽 정면에는 야채나 과일 그림에 그것들의 이름이 적힌 커다란 표가 붙어 있고, 헐렁한 쓰리피스 양복에 나비넥타이를 맨 교사가 지시봉을 들고 학생에게 설명하고 있다. 그 앞 의자에 나란히 앉아 있는 학생은 다섯 명. 모두가 정갈한 기모노 차림의 남자아이들로 그중 하나는 가문의 문양이 새겨진 윗도리를 걸치고 있다. 당시 학교에 다닌 것은 유복한 집의 아이들이었다는 것을 엿볼 수 있는 그림이다.

주목할 만한 것은 다섯 명의 한가운데 앉아 있는 아이가 다른 아이들보다 분명히 작고 어린 나이로 보인다는 것이다. 다시 말해, 당시 학교는 방금 T짱의 질문처럼 '동년배집단의 장'이 아니라 연령이 뒤섞인 장소였다는 것을 알 수 있다. 메이지의 학제반포學制頒布 이전에는 에도시대를 중심으로 읽기, 쓰기,

주판을 가르치는 데라코야寺子屋라고 불리는 서당 같은 장소가 있었다고 널리 알려져 있는데, 그때 절의 커다란 방에 모였던 아이들도 나이 차이가 있는 아이들 집단이었음이 틀림없다.

나이가 다른 아이들뿐만 아니라 어른과 아이가 뒤섞여서 수업을 듣고 있는 장면을 그린 그림도 있다. 동그랗게 머리를 말아 묶은 아낙네들과 단발머리, 빡빡머리 아이들이 줄지어 앉아서 함께 선생님에게 문자를 배우고 있는 교실풍경이다(《배움의 풍경 - 메이지의 장난감 · 그림쌍륙치기에 그려진 교육》, 다마가와대학 교육박물관). 이 그림에 '메이지 10년'이라고 되어 있으니, 학교제도가 시작된 지 얼마 되지 않았을 무렵의 풍경이다. "왜 나이로 아이들을 나눠요?"라고 물었던 T짱에게 타임슬립해서 이 그림을 보여주고 싶다. "옛날에는 어른도 아이도 이렇게 함께 있었단다"라고.

학교뿐만이 아니다. 현재 일본에서는 어른의 직장과 아이들이 있는 장소가 거의 완전히 분리되어 있다. 일본사회를 중세까지 거슬러 올라가면 어른이 일하는 장소에도 아이들이 있었다는 것을 엿볼 수 있다. 예를 들어 《아이의 사회사 · 아이의 국가사》라는 책에서 〈춘일권현험기春日權現驗記〉라는 중세의 에마키모노(繪卷物. 가로로 긴 두루마리 형태의 그림을 말한다. - 옮긴이)를 소개하고 있는데, 거기에 〈일터의 아이〉라는 장면이 있다. 먹줄을 치는 목수와 그 반대편에서 먹줄을 진지하게 누르고 있는 아이, "꽉 눌러봐"라고 말하는 듯 어른은 입을 벌리고 있고 아이는 긴장해서 눈을 크게 치켜뜨고 있다. 또 하나의 장면에서는 연장통 옆에서 쉬고 있는 목수와 웃으면서 이야기하고 있는 조금 큰 아이의 모습이 보인다.

아이는 분명 어른에게서 여러 가지를 보고 배우고, 어른 또한 아이와 함께하는 시간을 즐겼을 것이다. 그런 풍경이 내 어린 시절에는 아직 남아 있었다. 그러나 아들 세대, 더욱이 손주 세대에는 그런 장면이 점차 사라지고, 사람을 '종류별'로 세분화해서 나누는 사회가 되었다. 왜 인간을 종류별로 나누려는 것일까. 그건 바로 나누려는 사람들 측에서 관리하기 쉬워지기 때문이다. '사람들과의 유대를 소중하게!'라는 말을 자주 듣는 요즘이지만, 그런 말은 반대로 유대감, 나아가서는 안정감을 잃어버렸다는 것을 나타낸다. 그리고 그렇게 사람을 세분화하여 나누는 데 선도적인 역할을 해온 것이 바로 학교라는 존재다.

아이들을 어디까지 나눌 것인가

T짱의 질문에서는 '학교는 아이들을 나누는 곳'이라는 학교에 대한 정의 중 하나가 그 모습을 드러낸다. 나누는 목적은 무엇인가. 그건 사람들을 쉽게 관리하고 효율을 높이려는 것이라고 해도 틀리지 않을 것이다. 사물을 분류하는 것은 확실히 정리방법의 기본이다. 하지만 아이라는 생명체를 사물과 같이 취급할 수는 없다. 생명체 집단으로서의 자연을 거스르는 것이기 때문이다.

학교가 실시하는 것은 연령에 따른 분류만이 아니다. 설사 연령에 따른 분류가 필요하다고 인정하더라도 불필요한 것이 몇 가지 있다. 성별 출석부에서 볼 수 있는 남녀의 구분, 공부나 운동이 부족한 아이를 내모는 분위기의 특별지원 학급·학교나 양호 학급. 어디까지 나눠야 속이 시원한 걸까. 학급 분류에서 시작된 아이들 분류는 지배하는 사람들의 욕망에 따라 그 정도가 심해지고만 있다. 분류하기 위해서 반드시 거기 붙일 라벨이 준비되고, 또 '차이'가 강조되어왔다.

아이들의 분류는 점점 심해진다. 최근 일본에 등장한 새로운 분류는 2001년에 제도화된 특별지원교육이다. 그때까지의 특수교육 대상은 학교 공부가 부족한 '지적발달장애' 등에 통칭되는 아이들로 그 범위는 전체 초등·중학교 아이의 약 1.4%였다. 애초에 이것이 문제의 시작이지만, 금세기에 들어 시작된 특별지원교육은 한술 더 떠 '좀 별나다'는 아이들을 '발달장애'라고 부르며 전체의 약 6%에 해당하는 아이를 포함시킴으로써 분류의 종류와 범위를 더욱더 확장했다. 거기에는 학습장애(LD), 주의력결핍과잉행동장애(ADHD), 고기능자폐증, 아스퍼거증후군 등 처음 듣는 이름표가 등장했다.

다양한 연령의 아이들이 있는 집단은커녕 동년배집단의 아이들을 쉽게 관리하는 것을 목적으로 분류는 더욱더 세밀해진다. '인간은 가지각색이라 재밌다'는 말은 어딘가로 자취를 감추어버렸다. 여러 색깔이 한데 있으면 안 되니 색깔별로 나누자는 방침인 것이다. 세상은 사실 무지개처럼 다채로운 색이 모이는 곳이어야 하는데 말이다. 한 가지 색으로는 즐겁지도 재밌지도 아름답지도 않다. 아이들의 '분별'은 효과적인 지도를 위해서, 다시 말해 아이들을 위한 서비스를 위해서라고 설명할 수 있다. 그러나 실제로는 집단을 쉽게 관리하고 인간을 아이 때부터 갈라서 자리를 나눠놓으려는 국가의 차별적인 의도가 있는 것이 명백하다.

또한 근래에 계속 늘어가는 각종 전문가들이 학교라는 커다란 시장으로 일자리를 확대하려고 하는 의도도 거기에 얽혀 있다. '학교상담사'라고 불리는 심리직, '학교사회복지사'라는 이름의 복지직, '특별지원교육 코디네이터'라는 교육직, 행동을 변화시키기 위해 약품투여를 도맡은 의료직까지. 아이 스스로 시간 속에서 몸소 자라는 힘은 경시되고, 어른들의 사정에 따라 교육의 이름이 이용되고 있다.

서비스야말로 중요하다는 소비사회의 핑계에 영향을 받아서, 지금까지 아이들을 나누지 말라고 주장해온 부모들도 아이들을 나누는 것을 쉽게 받아들이고 있다. 그 풍조는 점점 심해지고 있는 것 같다. 부모야말로 아이들을 나누는 것에 저항하고 다양한 아이들이 함께 생활하는 것을 지지해줬으면 좋겠다.

지인의 딸 A짱은 초등학생 때, 발음이 이상하다는 이유로 다른 학교에 개설된 '언어 교실'에 다니라는 지시를 받았다. 몇 번인가 엄마랑 함께 다녔지만, 얼마 안 되어 그녀는 담임선생님에게 이렇게 말했다. "제 말이 친구들에게는 통하니까, 선생님도 적응해주세요. 모두들 교실에 있을 때 저만 다른 곳에 가고 싶지 않아요." 아이 엄마도 단호하게 A짱을 응원했다. 중학생이 되었을 때 아이의 말은 자연스럽게 '보통'이 되었다. 긴 시간을 들여 그녀가 주변의 다수파에 맞춰갔기 때문이다. 그러나 설령 '보통'이 되지 않더라도 상관없다. A짱이 모두에게 알려주려고 하고, 주변도 그녀의 말투에 익숙해지면 될 일이다. 나뉘지 않기 위해서, 그리고 나누는 라벨을 만들지 못하게 하기 위해서 '나누지 않는다, 나뉘지 않는다'라는 당연함을 관철시키는 힘이 더욱더 필요하다.

나뉘지 않고 함께 지내다

'장애아를 보통학교로 · 전국연락회'는 1981년에 작가인 에이 로쿠스케 씨와 소아과 의사 모우리 타네키 씨가 주축이 되어, '장애아가 남들처럼 학교에 갈 수 있기를' 바라는 마음을 담아 출발했다. 최근에 새로 찍은 이 연락회의 리플릿에서는 이렇게 말한다.

'장애가 있는 아이는 특별지원학급 · 특별지원학교에 가야 한다고 생각하고 있습니까? 지역의 보통학교는 누구라도 들어갈 수 있습니다', '장애가 있는 아이도, 없는 아이도 모두 같은 사회에서 살아갑니다. 그렇기 때문에 더욱 보통학교에서 함께 배우고 자라는 것이 중요합니다', '유엔에서는 2006년 장애인 권리협약이 채택되어 장애 유무에 관계없이 함께 배우고 자라는 포괄적인 교육이 진행되고 있습니다', '일본에서도 2009년 12월에 내각부에 〈장애인제도개혁 추진본부〉가 설치되어 장애가 있는 아이와 없는 아이를 분리하는 지금까지의 교육제도를 재검토하고 있습니다'(〈장애아가 학교에 들어갈 때, 신판 – 특별지원교육에 맞서서〉 리플릿에서 필자 요약).

사회는 다양한 사람으로 구성되어 있다. 학교도 다양한 아이들이 함께하기 때문에 더욱 의미 있다. '능력으로 차별해서 사람을 나누지 않는다'는 그 단순한 원점을 빼앗기거나 잃어버리지 않는 것. 그것이 학교나 교육을 삼키려는 현재의 관리주의와 격리정책, 학교를 상품화하는 시장원리주의에 저항하는 중요한 길이라고 생각한다.

"왜 학교에서는 나이가 같은 아이들만 한 교실을 써요?"라고 아이들을 나누는 것이 부자연스러움을 아무렇지도 않게 지적했던 T짱의 물음은 학교가 떠안고 있는 근본문제를 날카롭게 찔렀다. 사람을 나누려고 하는 학교, 한쪽에는 그 안에서 꿋꿋하게 만남을 만들고 인연을 계속 키워나가는 아이와 어른. 아이들을 나누는 힘에 저항하여 다양한 관계를 즐기고 키워나갔으면 좋겠다.

중학교 양호실에서 양호교사로 일하고 있는 친구는 어떤 인터뷰에서 이렇게 대답했다. "학교는 말하자면 격차사회를 만들기 위해 근본에서부터 사람을 나누고 있어요. 그렇지만 매일의 일상 관계 속에는 권력이 들어올 수 없으니까, 그런 일상의 장소만큼은 소중하게 여기고 싶어요. 착실하게, 주의 깊게 서로의 온도를 느끼고 관계를 맺어가면서요. 아무리 사람을 나누려고 해봤자 살아 있는 몸을 나눌 수는 없으니까요"(《발달장애란 무엇일까?》, 전국등교거부신문사).

그 말에 힘을 얻어 나도 아이들과 젊은이들에게 이렇게 말하고 싶다. “모두 함께 살아가자. 세상이 아주 나쁜 것만은 아니란다. 이런저런 사람이 있고, 이런저런 일들이 있지. 꽤 재밌어. 가보렴, 물론 조심해야겠지. 자, 즐기고 오렴.”

학교에서도 지역에서도, 사람들을 나누려는 힘에 굴복하지 않고, 함께 살아가는 곳을 지향하며 아이도 어른도 어디에서나 계속 만나길 바란다.

교사는 어떤 사람이어야 하는가

'언제나의 생활'을 지키는 사람

겨우 두 아이를 돌보는 것만으로도 나에게는 꽤나 바쁜 하루하루였다. 그런 과거에 비추어보더라도 교사라는 직업은 매일 힘들겠구나 하고 언제나 생각한다. 그중에서도 초등학교 선생님은 이러쿵저러쿵 말도 많고, 싸움도 많은 꽤나 정신없는 매일을 되풀이하고 있음에 틀림없다. 초등학교 교사인 친구는 "학교에서는 항상 뛰어다녀"라고 당당하게 말한다. 덧붙여 "그런데도 살이 조금도 안 빠지는 건 왜일까?"라고.

'우유를 네 병이나 마시고서는 일어서자마자 분수처럼 푸우 하고 뿜어버린다. 그것을 보고, 뭐하는 거야, 제발 적당히 하라고 말하며 치우고 있는 것이 교원이다'라는 교사 오카자키 마사루 씨의 글을 읽은 적이 있다. 교사의 처지를 이해하고 정말 그렇겠다고 납득하면서도 나도 모르게 웃음이 났다. 요전날에는 신문에서 한 부모의 이런 투고문이 눈에 띄었다. '볼일이 있어 학교에 갔다가 아이가 깨뜨린 병 파편을 선생님이 땀을 뻘뻘 흘리며 줍고 있는 모습을 봤다. 그 주변을 아이들이 뛰어 다니고 있었다. 정말이지 선생이라는 일은 힘들다.'

물론 교사가 우유를 닦고 유리를 치우고만 있는 것은 아니다. 남들이 보기에는 가르치는 직업이기 때문에 그 준비를 포함해서 '본래의 직무'가 바쁜 것은 당연한 것이리라. 그러나 교사들은 자주 말한다. '잡무가 바빠서 수업준비할 시간이 없다'고. 교사라는 이름에 맞게 수업에 충실하고 싶고, 좋은 수업을 하고 싶다는 그러한 마음가짐을 잘 안다. 또한 수업이라는 정해진 일을 중심으로 학교라는 곳이 이루어져 있다는 것도 알고 있다. 그러나 거기서 말하는 교사의 잡무는 늘어나기만 하는 서류작성이나 자기평가업무 등 나 역시 불필요하다고 생각되는 일들 같다. 그게 아니라 혹시라도 많은 아이들을 돌보느라 쫓기는 것을 두고 잡무라고 한탄하는 거라면, 저기 잠깐만 기다려달라고 말하고 싶다. 아이들을 둘러싼 손을 놓을 수 없는 돌보기는 쓸데없는 잡무가 아니라 그야말로 살아 있는 아이들과 관계되는 교사의 귀중한 일이라고 나는 생각하기 때문이다.

최근에는 '아이들을 돌보는 직업이 예전보다 훨씬 늘어났다'라는 한탄도 들린다. 하지만 때와 상황에 맞는 대응이 인간관계를 배우는 기본이라고 생각한다. 그것을 아이들은 일상의 경험을 통해서만 배울 수 있다. 그렇기 때문에 교사는 싸움을 중재하거나 아이들을 상담할 때마다 번거로운 잡무라고 가볍게 여기지 않기를 진심으로 바란다.

공부나 시험은 나중에도 할 수 있지만, 다툼이나 돌발사건은 그 즉시의 대처가 중요하다. 그때그때 신중하게 대응하는가, 아니면 못 본척하고 지나쳐버릴 것인가에 따라 아이와 어른의 관계는 크게 달라진다. 수업의 진도를 우선한 나머지 학급이라는 살아 있는 집단의 해프닝이 방해 취급을 받으면, 살아 있는 집단의 공기는 분명 활기를 잃고 거칠어진다. 그래서 때로는 '학급붕괴'라고 불리는 황폐한 상태에 이르게 될지도 모른다.

아이들 집단과의 교제와 돌보기, 이 중요한 역할은 아이들과 매일매일 함께 지내는 교사만이 담당할 수 있다. 단편적으로 아이들과 접하는 인간관계 전문가로는 도저히 맞설 수 없는 것이다.

위험한 함정도 있겠지만

'왕따와 등교거부' 장을 시작할 때, 학교에서 '일상'의 중요함을 이야기한 초등학생의 시를 인용했다. 익숙해진 풍경, 익숙해진 일상이야말로 아이들이 생활하는 바탕이 된다. 앞의 시가 그걸 가르쳐준다. '일상'이 중요하다. '일상'이 있기 때문에 '특별'한 시간이 기다려진다. 소풍이나 운동회, 파티나 전학 가는 친구를 위한 송별회, 전학 온 친구의 환영회. '일상'과 '특별'은 안심하고 자기 자리로 생각할 수 있는 세계의 앞뒤를 이룬다.

'일상'이 중요한 것은 초등학생뿐만이 아닌 것 같다. 어떤 대학생은 본인의 고등학생 시절을 되돌아보면서 "자리는 자유석

보다 지정석이 좋아요. 왜냐하면 거기서는 안심하고 졸 수 있으니까요"라며 웃었다. 반은 농담이겠지만, '우리 학교, 우리 반, 자기 자리'는 큰 아이들에게도 소속감을 가져다주는 기지인 것에는 틀림이 없는 것이다.

그런데 담임선생님이 '일상 공간'을 관리하는 학교 운영의 모습은 때로 '학급 왕국'이라는 표현으로 비판 받아왔다. 담임이라는 왕이 아이를 마치 자신을 받드는 사람인 것처럼 여기고 간혹 착각해서 거만해지는 경우도 있기 때문이다. 어떻게 보면 아이들 집단을 자신의 생각대로 움직이는 '쾌감'은 교사에게 가장 위험한 함정이다. 어떤 중학생 학부모가 "호령 하나로 아이들을 줄 서게 하는 것은 교사에게 쾌감일 수도 있겠어요"라고 이야기하는 것을 들은 적이 있다. 조금 비뚤어진 시각이 아니냐고 할 수도 있지만, 교사란 아이들을 소유하고 지배하는 권력 감각에 사로잡히기 쉬워서 위험한 위치에 있는 직업이라고 할 수도 있겠다.

하지만 그 위험성을 자각한 다음에 '공간을 돌봐주는 사람이자 책임자' 역할을 맡은 교사에 주목하고 싶다. 여기서 말하는 돌봐주는 사람으로서의 교사란 결코 교사를 경시한 표현이 아니다. 오히려 그 반대다.

교사의 역할이 변했다

왜 다시 보살핌의 중요성이 강조되고 있는가. 분업화와 상품화가 진행되는 사회 속에서 학교가 가진 의미와 교사의 역할에 큰 사회적 변화가 일어났기 때문이다.

이 반세기 사이에 진행된 정보·소비사회의 영향으로 교사의 사회적 위치와 역할은 어쩔 수 없이 변화해왔다. 일본에서는 1970년대쯤부터 과목별 학원이나 입시 관련 재수학원이 급속도로 늘어났다. 이들은 종래 학교가 맡아온 입시준비와 방과 후 보강의 역할을 집중적으로 떠맡으면서 세상에 퍼졌다. 게다가 인터넷의 보급으로 지식과 정보를 너무도 간단히 손에 넣을 수 있게 되었다. 이전에 학교가 맡아왔던 학습이나 입시준비의 업무는 이렇게 금전 거래 속에서 얻을 수 있는 상품으로 이행하고 있다.

교육이라는 이름이 붙은 상품에 대해서 어떻게 학부모들이 지갑을 자주 열게 할지가 학교 밖에서 이루어진 일본의 쓸쓸한 교육정책이었다. 모든 것이 상품화되면서 학부모와 학교의 관계도 다양해지고, 또 복잡해졌다. 아이들의 교육이나 문화는 가정이 책임지고 사와야 하는 것이 되고, 그래서 아이들을 구속하는 공립학교는 이제 필요 없는 것이 아닌가 하는 목소리까지 들려온다. 하지만 돈이면 전부 다 된다는 이 사회에서 지금이야말로 지역의 공립학교가 중요한 것 아닐까? 교육을 위해서라기보다 아이들이 낮에 의존할 수 있는 거처로서 말이다. 그리고 사실은 많은 학부모들이 그걸 원한다고 믿고 싶다.

아니라고, 학부모들은 아이들의 성적평가에만 관심 있는 법이라는 목소리가 지금이라도 바로 들릴 것 같은데, 그것도 낮에 아이들이 안전하고 평온하게 지낼 수 있는 곳이 있은 다음의 이야기다. 매일 아침 아이들을 보내고 무사히 귀가하길 기다리는, 날마다의 리듬과 안정감 위에 어른들의 생활도 성립된다. 성적이나 진학 등은 아이들이 몸을 맡기고 안심할 수 있는 학교라는 토대가 있어야 가능한 이야기다.

아이들을 평가하는 역할로

교사들에게 일어나고 있는 변화에 대해서 조금 더 시대를 통해 바라보려고 한다.

선생先生이란 한자가 '먼저 태어나 가르치는 사람'이라는 뜻을 가졌듯이, 교사란 원래 지극히 거만한 분위기를 풍기는 말이다. 그 말 자체가 지금의 교사 문제를 골치 아픈 것으로 만들어왔다. 교사가 아닌 교원으로 부르자는 움직임도 있어서 그 호칭 또한 정착되었으나, 호칭만으로 본질이 달라지는 것은 아니므로 나는 문제의식을 포함해서 교사라고 계속 불러왔다.

교사라는 말에는 '윗사람'의 말단으로서의 권위주의가 어떻게 해도 따라붙는다. 어떻게 보면 옛날에는 선생님이라는 말 그대로 교사란 명실공히 권위 있는 존재였고, 이른바 박식博識의 대명사였다. 형편상 학교에 제대로 다니지 않고 쭉 일해온 부모가 많았던 시절에는 아이들이 질문을 하면 "내일 학교 가서 선생님께 여쭤보렴"이라고 하는 것이 부모들의 판에 박힌 대답이었기 때문이다.

예전에 교사란 박식한 사람, 무엇이든 답하고 가르쳐주는 사람으로 신뢰를 받았다. "선생님 말씀을 잘 들어라"는 아이들이 부모에게서 가장 많이 듣는 말 중 하나였을지 모르겠다. 교사 쪽도 아이들을 잘 돌봐주는 것을 포함해서 학부모의 기대를 만족시켰고, 가정과 학교, 학부모와 교사는 각각 안정적인 타협 관계 속에 있었다. 일본에서 1970년대 소비와 분업화의 시대가 전개되기 시작할 때쯤까지는 말이다.

그 1970년대에 일본의 대학 진학률은 40% 가까이 급증했다. 세 명 중 한 명 이상이 대학 졸업자인 세상이 된 것이다. 학부모들은 '고학력'이 되었고, 교사만이 박식하다는 구도는 깨진다. 게다가 그 이전까지의 활자중심문화에서 텔레비전이라는 새로운 미디어의 보급과 함께 영상문화가 아이들 세계로 들어왔다.

영상을 이해하는 것은 간단하다. 예전의 활자중심문화는 긴 학습기간을 필요로 했다. 문자와 문장을 습득하는 데에는 세월이 필요하다. 왜냐하면 그것이 어려운 과제이기 때문이다. 읽는 것, 쓰는 것, 문장의 논리를 배우는 것. 계단을 올라가듯이 세월을 투자하여 그런 것들을 습득하면서 어른의 수준으로 다가간다. 그리고 그것을 이루기 위해서 장기간에 걸친 학교교육이 반드시 필요했다. 내가 어렸을 때에는 학교에서 공부하지 않으면 어른이 되어도 신문도 읽지 못하고 편지도 못 써서 곤란할 거라고 어린 마음에 나름 납득했다. 계산기도 없던 시대여서 계산이나 암산을 하지 못하면 안 된다는 것도 말이다.

그런데 텔레비전이나 비디오가 보급되면서 영상의 의미를 이해하는 것이 쉬워졌다. 예를 들어 애니메이션 영상과 스토리는 거의 연령과 상관없이 쉽게 이해할 수 있다. 예습이나 필수과목의 습득이나 기능도 필요 없다. 물론 논리적으로 생각하는 힘을 습득하여 고도의 정보를 구조적으로 이해하기 위해서는 학교교육의 이점이 아직도 크지만, 지금처럼 고도화된 정보사회에서는 그것도 스스로 학습할 수 있다. 그런 부분에서 학교가 가진 의미는 희박해지고, 먼저 태어나서 가르치는 사람이라는 뜻의 교사의 역할은 크게 달라졌다.

그에 따라 학교에서는 어떤 변화가 일어났는가.

'먼저 태어나서 가르치는 사람'이라는 권위가 흔들리고 쇠퇴할 때쯤, 마치 그 간격을 메우듯이 교사에 의한 '평가라는 권력'이 비대해지기 시작했다. 성적평가, 행동평가, 진학에 관련된 내신평가 등. 교사는 '먼저 태어나서 평가하는 사람', 즉 평가사라고 부르는 것이 적당할 정도로 아이들의 값을 매기는 일에 쫓기게 되었다. 당연한 일이지만 그 변화는 교사와 아이들의 관계를 험악하게 만들었다. 아이들은 교사를 멀리하게 됐다. 학부모도 교사를 '우리 아이를 평가하는 사람', 더하여 '아이들 진로의 열쇠를 가진 사람'으로 간주하게 되었고, 서로 반목하는 관계마저 생겼다. 나와 친분 있는 교사 몇몇은 "교사 일을 하면서 가장 싫은 것이 성적평가 때이다"라고 이야기한다. 아이들과의 관계를 방해하는 행위이기 때문이다. 그렇게 생각하는 교사가 적지 않은 것 같지만, 그럼에도 불구하고 아이들을 평가하는 것이 교사들의 가장 중요한 일이 되었다.

이렇게 학교가 '안심할 수 있는 거처'에서 머나먼 곳이 된 것은 아이, 학부모, 교사 모두에게 불행한 일이다. 왕따나 등교거부, 교사에 대한 폭력 등 '아이들의 문제'라고 불리는 현상이 학교 현장에 나타나기 시작한 것은 당연한 결과였던 것이다.

왜 아이들은 예전보다 유치해졌는가

돌봐줌의 이야기로 돌아가서, 일본에서는 1980년대 '임시교육심의회' 보고를 계기로 '평생학습 시대'라는 노선이 열렸다. 그 영향으로 학습은 더더욱 학교만의 것이 아니게 되었다. 공부의 의미도 평가를 받거나 학력을 획득하는 것으로 더욱 집약되었다. 그러나 학교가 살아 있는 인간의 집단이라는 사실은 변하지 않았다. 학교에서 매일 모여드는 아이들을 돌보는 것은 지금도 달라지지 않았고, 오히려 예전보다 더 필요하다.

아이들이나 젊은이가 예전보다 유치해져 손이 많이 간다는 이야기가 나온 지는 오래다. 하지만 그것은 학부모들의 가정교육을 운운할 문제가 아니다. 예전보다 인간의 수명이 길어진 고령화 사회가 되어, 인간의 일생이 늘어났기 때문에 어른이 되는 것도 자연스럽게 늦어진 것이다. 늦어지게 된 것은 오히려 생물로서의 지혜라고 볼 수 있다. 인생은 50년이라고 말하던 시대에는 부모가 쉰 살이면 세상을 떠났기 때문에 아이들이 그에 맞게 빨리 어른스러워졌다. 부모가 서른일 때 태어난 아이는 스무 살에 부모를 저세상으로 떠나보낸다. 그 절반의 나이인 열 살이면 옛날에는 굉장히 어른스러웠던 것도 자연스러운 일이다.

하지만 인생이 80년쯤 되면 아이들 입장에서는 힘들다. 신체적으로는 열 살을 조금 넘으면 생식기능이 구비되고 어른이 되는데, 부모뿐만 아니라 그 부모까지도 아직 이 세상에 당당히 머물러 있다. 나도 그중 한 명이지만 말이다. 그래서 아이들은 적어도 정신적으로는 아이 그대로 있으면서 세대 간의 균형을 맞추고, 앞뒤를 맞추는 처지가 된다.

"지금은 아이 노릇하는 것도 힘들어요. 부모님에게 부모 역할을 하게 도와줘야 하니까요"라고 한 대학생 젊은이는 말했다. "부모 역할을 하게 도와준다니 무슨 말이지?"라는 내 물음에 "아이를 지배하게 해주는 거죠"라는 그녀의 대답을 듣고, 현대를 사는 아이들 세대의 고생이 가엾게 여겨졌다. 그래서 나는 요즘 아이들이나 젊은이들이 유치해졌다거나 믿음직스럽지 못하다 등의 불만을 입에 담고 싶지 않다. 고무줄로 만든 50센티 자를 80센티로 잡아 늘린다면, 예전의 대학생은 고등학생으로, 중학생은 초등학생으로 각각 눈금을 조정하지 않으면 줄자가 성립되지 않는다. 고무줄로 만든 자의 시대에 우연히 태어난 것은 아이들 책임이 아니다. 제멋대로라는 것을 나도 알지만, 사실 이렇게 말하는 나 또한 솔직히 아이들 세대의 이런 변화에 대해서 실제로 놀랄 때가 있다.

더불어 개별화의 진행을 들 수 있다. 사람들이 모니터 화면이나 전파와 연결되는 시간이 늘어나는 한편, 살아 있는 인간과 관계 맺는 기회가 매우 줄었다. 그래서 사람과 사람의 관계에 대한 직접적 체험이 압도적으로 부족하다. 사람이 날마다 모여서 지내는 학교는 그런 의미로 찾기 어려운 귀한 장소이다. 살아 있는 인간의 다양한 모습을 잘 알 수 있는 기회가 존재하는 곳이기 때문이다. 다만, 예전보다는 더 아이들을 돌보는 데 손이 간다. 그래서 수업이라는 일을 중심으로 움직이는 학교에서 돌봐주는 사람으로서의 교사의 역할이 그 무게를 더하고 있다. 그렇기 때문에 바로 매일매일 현장에서 일하는 교사의 수를 크게 늘릴 필요가 있다. 필요한 만큼 돌봐주면서 교사가 아이들과의 관계를 맺어가기 위해서 말이다.

마주보지 않고 곁에 있다

이렇게 말할 때, 돌아오는 판에 박힌 말이 있다. "아이들을 마주보는 시간이 필요하다." 교사도 학교 관리자도 교육학자도 거의 대부분의 사람들이 당연하다는 듯이 '마주보다'라는 말을 사용한다. 2011년 현재 일본에서 정권을 잡은 민주당의 선거공약에도 '교원이 아이들과 마주보는 시간을 확보한다'라는 문장이 보인다. 듣기만 해도 답답한 틀에 박힌 문구라고 나는 생각한다. 그렇게 마주봐주면 곤란하다. 거기에는 자꾸 교육을 강요하는 어른들의 버릇이 그대로 드러나 있다. 내가 아이들 입장이라면 바로 도망치고 싶어질 것이다.

마주보지 말고 아이들과 그냥 같이 있어주면 된다. 가능한 한 호의적으로 함께한다, 필요할 때 제대로 도와준다, 돌봐주는 사람인 교사란 그런 존재이다. 마주보기 위한 연수 같은 것을 받고, 교육적으로 접근하려고 의욕을 부리다보면 오히려 엉망이 된다. '수준 낮게 돌봐주는 일 따위는 하지 않겠어, 나는 교사라는 특별한 직업을 가졌잖아'라는 자세로 마주보고 지도하려는 교사가 많으면 많을수록 아이들의 부담도 커질 것이다. 더군다나 '지도하는 것처럼 보이지 않는 능숙한 지도로 아이들과 부드러운 관계를'이라는 말은 더욱 굴절되어서 섬뜩한 느낌을 풍긴다.

돌봐주는 사람이라는 표현에는 교사 본연의 자세를 묻고 싶은 내 마음도 담겨 있는 것이다.

케어하는 것이 아니라 돌봐준다

돌보는 것을 영어로 케어(care)라고 한다. "케어라고 하면 이해한다. 중요한 일이다. 하지만 그것은 교사가 아니라 전문가가 하는 일이다"라고 말하는 사람이 꼭 있을 것이다. 그리고 "교사는 수업으로 승부한다. 아이들의 케어는 상담사의 역할이지"라고 하는 교사가 요즘은 엄청 많을 거라고 생각한다. 친분이 있는 한 교사는 동일본대지진 때 피해 지역에 갔더니 '마음의 케어' 전문가가 많이 들어와 있어서 이재민들을 대할 때 분업의식을 가질 수밖에 없었다고 한다. 그런 분업체제가 진행되는 것이 좋은 일인가? 아이들을 다양한 직종의 대상물로 쪼개

버리는 것이 아닐까?

대지진 이후, 피해 지역에 자주 들어갔던 정신과의사 노다 마사아키野田正彰 씨의 담화를 읽었다. “피해 지역을 걸으면서 느낀 것은?”이라는 인터뷰에서 노다 씨는 이렇게 말하고 있다. “피해 지역에서 열심히 하고 있는 사람은 학교 선생님이다. 피난처 운영, 지역 주민을 돌보는 일 등을 한다. 거기에 아무것도 모르는 교육위원회가 마음의 케어라며, 피곤해 하는 교원에게 ‘잠 잘 수 있나요?’ 등의 설문조사를 해서 더 피곤하게 만드는 면이 있다. 그리고 임상심리사에게 비싼 비용을 지불하면서 강연을 하게 한다. 아이들과 가장 많이 접촉하고 있는 사람은 학교 선생님이다. 창의적으로 연구해서 재난을 받아들이고 있는데, 왜 그들에게 맡겨주지 않는 걸까?”(석간 〈도쿄신문〉, 2011년 7월 15일자)

일본 공립 초등·중학교에 학교상담사가 도입된 지 16년이 지났고, 교과목을 가르치는 일과 마음의 상담이라는 일이 구별되어 ‘마음의 케어’라는 말이 유행어처럼 세상에 퍼졌다. 하지만 내 경우를 이야기하자면, 일반적인 돌봄이라면 받고 싶지만, 케어는 받고 싶지 않다. 어딘지 모르게 ‘당신에 대한 옳은 대응’이라는 시선이 느껴지기 때문이다. 케어라는 말의 유행은 이때까지 우리가 일반적으로 사용해온 ‘친절’이라든가 ‘상부상조’라는 생활의 말을 빼앗아버렸다고 생각한다. 돈으로는 환원할 수 없는 소중한 관계, 그리고 생활의 방식을 말이다.

왜 굳이 케어라는 영어를 사용할까. 내 생각에는 ‘마음’을 대상으로 하는 새로운 직업 영역이 만들어졌기 때문인 것 같다. 이른바 생활의 분할과 상품화다. '마음의 케어'라는 말은 1990년대 중반에 미디어를 통해 세상에 퍼졌고, 거기에 따른 새로운 직종이 급속히 늘어났다. 학교 현장에도 아이들 '마음의 문제'에 대응한다는 것을 이유로 1995년부터 학교상담사가, 또 2008년부터는 학교사회복지사라는 새로운 전문직이 도입되었다. 생활의 장이었던 학교는 아이들의 문제를 처리하는 장으로 그 모습을 변화해간다.

2007년 아베安倍 내각 때의 이야기인데, 당시 설치되어 있던 교육재생회의의 제안에는 '학교문제 해결팀을 만들고, 아이들 교육에 전념할 수 있도록 교원들을 지원한다'라는 항목이 있었다. 그 전문가팀은 장학사, 법무교관(소년원이나 교도소, 구치소 등의 시설에서 근무하면서 수감자의 교정 교육을 담당하는 법무부 소속 직원을 말한다. 청소년의 갱생 교육을 주 업무로 하는 경우가 많다. - 옮긴이), 대학교수, 변호사, 임상심리사, 정신과의사, 복지사, 은퇴한 경찰관 등으로 구성되었다. 현 정권을 맡고 있는 민주당 선거공약에서도 '생활상담, 진로상담을 하는 학교상담사를 모든 초등·중학교에 배치한다'고 내세우고 있다. 특별한 직함을 가진 전문가를 학교에 들여보낼 테니 교사는 가르치는 일에 전념하라는 것 같다. 거기에는 아이들은 지식의 바구니가 아니라 온몸이 살아 있는 생물체라는 생각이 결여되어 있다.

학교에 학교상담사가 들어온 지 오래다. 하지만 학교상담사는 생활을 함께하며 손이 많이 가는 돌봄보다 고민에 집중된 이야기를 효율적으로 듣는 역할을 중심적으로 하고 있다. 그리고 많은 학교상담사는 상담을 위해 마련된 방에서 차분히, 충분하게 아이들의 '마음'을 마주보는 것 같다. 하지만 실제로 아이들이 고민을 이야기하거나 토로하는 것은 예를 들어 친구끼리 청소를 하면서나 시험 채점하는 선생님의 책상 주변을 왔다 갔다 하면서 입에서 툭 튀어나오는 것 아닐까? 교사 쪽에서도 '왠지 안색이 안 좋은데, 무슨 일 있나?'라든가 '요즘 재 좀 정신이 없어 보이네. 이상하다?'라며 귀찮아도 신경이 쓰인다. 무슨 일이 있다는 걸 알게 되면 그대로 방치할 수는 없으니 교사도 어쩔 수 없이 휘말려간다. 그런데 교사의 고작 그런 대응으로는 충분하지 않다, 아이들이 불쌍하다, 학교상담사와 일대일로 마주보면서 차분하게 고민을 이야기할 수 있게 해주자 …… 라니! 이것이 과연 아이들이 원하는 일일까.

고민이나 문제는 누구에게나 있다. 필요한 것은 생활을 함께 하는 사람의 호의와 도움이다. '마음의 전문가'로 불리는 사람들의 선의와 열의 자체를 의심하는 것은 아니지만, 대화만으로 해결하려고 하다보면 자칫 당사자가 '순순히' 포기하게 만드는 방향으로 흘러가기 쉬운 게 아닐까 나는 우려하는 것이다.

담담하게 아이들을 예뻐하다

내 경험을 돌아봐도 우리 아이들이 어떤 상담거리나 조금 귀찮은 이야기를 시작하는 것은 어쩐지 주방으로 정해져 있었다. 싱크대 앞에 나란히 서서 한 명이 설거지를 하고 한 명이 마른 수건으로 닦고 있을 때라든지, 쓰레기를 정신없이 정리하고 있을 때 불쑥 나타나기도 한다. 그것은 마주보고 있을 때가 아니었다. 잡담 같은 대화를 나누다가도 넌지시 의견을 물어보고는 "그렇구나", "음, 그렇게 생각할 수도 있구나" 등의 말을 남기고 떠난다. 누구나 그런 것 아닐까. 그렇기 때문에 학교 안에서는 아이들과 함께 시공간을 공유하고, 돌봄의 책임을 떠맡아 여기저기에서 모습을 드러내는 교사의 존재야말로 중요하다.

친분이 있는 교사 하나는 가끔 메일을 보내온다. 그녀는 초등학교 저학년의 담임을 맡고 있는데, 최근 자기 반에 골치 아픈 일을 자주 일으키는 아이가 있어서 힘들다고 했다. 교장은 학교상담사에게 상담을 받으라고 권유한단다. 메일에는 이렇게도 쓰여 있었다. "학교상담사에게 상담하면 뭐가 달라지나요? 그것보다는 동료들에게 불만을 토로하고 같이 생각하는 게 더 중요해요. 제가 할 수 있는 건 학부모의 마음에 와 닿는 학급통신을 쓰고, 그 아이를 예뻐하고, 직장 동료들과 함께 해결책을 생각하는 거죠"라고 했다. 그녀는 교육위원회나 전문가에게 아이들을 쉽게 맡겨버리지 않고, 동료나 교장의 협력을 얻어 대하기 어려운 학부모와도 끝까지 이야기한다. 그리고 골치 아픈 일을 권위를 빌려 간접적으로 해결하지 않는 본인을 '직접 교육 신자'라고 부르며 웃는다.

아이들을 돌보는 사람인 교사의 이런 적극적인 자세를 나는 마음 깊은 곳에서부터 믿음직스럽게 생각한다. 이름 자체가 그렇듯, 가르치고 지도하는 것이 교사의 일이다. 하지만 더불어 교사들이 담담하게 날마다 아이들을 예뻐하는 마음을 본분이라고 생각하며 믿음직스럽게 아이들을 돌보며 학교를 지탱해줬으면 한다.

아이들도 어른을 돌봐준다

앞서 아이들을 돌보는 교사에 대한 이야기를 했지만, 아이들이 언제나 돌봐주어야 하는 대상이기만 한 것은 아니다. 아이와 부모에 관한 속담 중에 '업은 아이에게서 배운다'라는 말이 있듯, 아마도 교사가 아이들의 도움을 받거나 배우는 때도 자주 있을 것이다. 약한 입장에 있는 아이들은 때로 지혜를 짜내서 어른들을 중재해주기도 한다. 아이들 또한 믿음직하다. 예전에 한 어머니에게 들었던 이야기를 하나 소개하고 싶다.

초등학교 6학년 아이의 이야기다. 일단 S군이라고 해두자. 초등학교를 졸업하는 6학년은 기념 나무 등 무엇인가 기념품을 학교에 남기고 가는 전통이 있는데, S군의 학교에서는 아이들 한 명 한 명이 본인이 좋아하는 한자를 하나씩 골라 그 글자를 나무판에 새긴다. 그리고 모두의 나무판을 끼워 맞춰 모자이크벽화를 만드는 것이었다. S군은 사극, 특히 사무라이를 매우 좋아해서 '刀(도)'라는 한자를 골라서 열심히 새겼다. 그런데 완성된 부조를 보니까 담임선생님이 수정하여 학교가 좋아할 만한 글자인 '力(력)'이 되어 있었다. S군은 선생님에게 항의했지만 졸업 기념으로는 칼을 뜻하는 '刀'라는 위험한 글자보다 힘을 뜻하는 '力'이 더 어울린다며 받아들여지지 않았다. 실망한

S군은 집에 가서 엄마에게 그 억울함을 울면서 호소했다. '刀'가 멋있으니 꼭 그걸로 하고 싶었는데 '力'이라니, 정말 싫다고 말이다.

아들의 이야기를 들은 어머니는 가만히 있을 수 없다고 화를 내면서 바로 학교로 향했다. "당장 선생님에게 가서 이야기 해줄게. 아이가 좋아하는 글자를 멋대로 수정하다니, 가만히 있을 수 없어." S군은 눈물을 닦고 쭈글쭈글 구겨진 수건을 그대로 안고 따라왔다. " '刀' 그대로 해주세요." "아뇨, 졸업 기념으로는 '力'이 어울립니다." 교실에서 어머니와 담임이 계속 이야기를 주고받았다. S군은 가만히 옆에서 듣고 있다가 둘의 언쟁이 격해졌을 때, "엄마, 이제 됐어요. '力'이면 됐어요!"라고 외쳐서 그 자리를 수습했다고 한다.

아이들도 여러 가지로 생각하고 판단해서 행동한다. 나를 위해서 엄마가 이렇게까지 열심히 해주었다, 선생님도 곤란해 한다. 그래서 엉겁결에 나온 중재 행위로 어른 둘이 구제된 것이다. 아이가 어른을 돌봐준다고 했던 것에 어울리는 유쾌한 에피소드다. "아이들이 난처할 때 부모가 몸을 내던져서 행동해줘야지요. 그걸 위해 부모는 존재하니까요. 그런데 어른이 아이의 도움을 받고 말았네요" 하며 그 어머니는 웃었다.

돌봐주는 교사, 때로는 돌봐주는 아이, 학교에서는 서로에게 배울 일이 끊이지 않고 일어난다. 사람과 사람이 정직하고 솔직한 관계로 지낼 수 있는 곳에서는 어른과 아이가 서로 돌봐주는 사이좋은 장면이 날마다 탄생한다고, 나는 그렇게 믿고 싶다.

'아이 제도'와 등교거부

지금은 나, 그냥 아이

최근, 지인이 선물해준 어떤 동인지에서 아이가 한 말을 부모가 글로 적어놓은 것을 봤다. '졸업식 날의 해질녘'이라는 제목이 붙어 있었다.

> 나는 어린이집을 졸업했다
> 이제 어린이집 아이가 아니다
> 그래도 아직 초등학교에는 안 들어갔다
> 지금은 나, 그냥 아이
>
> **호리우치 준코, 〈1학년 꼬마의 수다 떠는 메모에서〉, 《해바라기》 307호**

아이들은 사회구조에 관심도 없고, 생각 없이 산다고 생각하는 어른들이 많을지 모르겠다. 그래봤자 가족이나 친구 등 주변 사람들과의 관계를 의식해서 생활하는 것에 불과하다고 말이다. 그런데 생각보다 아이들은 꽤 넓은 시야로 세상이 어떻게 돌아가는지 감지하고 있다. 또한 알려고 한다. 미래를 향해 앞으로 긴 시간을 살아가야 할 사람이 갖춘 능력인 것이다.

따라서 아이는 어렸을 때부터 자기의 사회적 위치나 입장, 신분에 대한 관심을 갖고 현실적으로 인식하려고 한다. 아마도 그 인식은 아이들에게 존재의 바탕이 되기 때문에 중요하다. 자기가 사회에서 어떤 위치에 있는지를 아이들 나름대로도 알아채고 있다. 아이들 사회를 관리하는 교육제도 속에서 '그냥 아이'로 있을 수 있는 기간은 초등학교에 들어가기 전까지의 불과 며칠뿐이다. 그것을 앞의 일곱 살 남자아이도 어린 마음으로 예리하게 감지했던 것이다. 내 기억을 되돌아봐도, 초등학생이었던 아들이 어른을 흉내내어 자기 명함을 만들고 'K초등학교 학생'이라고 직함처럼 넣어서 놀고 있던 풍경이 떠오른다. 아이라고 하면 학교를 떠올리고, 학교 없이 아이를 생각하지 못하는 이 시대를 반영하고 있는 기억 중 하나다.

시대를 쭉 거슬러 올라가면 아이들은 늘 '그냥 아이'였다. 아니, 17세기 이전의 유럽에는 어른과 아이를 구별하는 '아이'라는 개념마저도 없었다는 것을 역사학자 필리프 아리에스(Philippe Aries)는 다양한 자료를 근거로 증명하고 있다. 아이도 어른도 구별 없이 각각 이름을 가진 '그냥 사람'이었던 것이다. 이는 당시의 그림에서도 엿볼 수 있다. 16세기에 피터르 브뤼헐(Pieter Brueghel)이 사람들의 노는 모습을 그린 그림을 보면, 아이와 어른의 구별이 거의 보이지 않는다. 일본의 중세 그림에도 어른과 아이가 한데 섞여 지내는 모습이 그려져 있다. 에마키모노 〈춘일권현험기〉에 그려진 아이와 어른이 일터에서 함께 지내고 노는 모습도 그것들 중 하나다.

하지만 지금, 아이들의 위치는 과거와 전혀 다르다. 아이들은 어른과 별도의 존재가 되어 버렸을 뿐만 아니라, 학교에 있을 때 사회적으로 중요한 신분을 획득한다. 다시 말하면 그것은 학교를 기준으로 만들어낸 현대식 '아이 제도'라고 할 수 있다. 학교 갈 나이에 학교를 다니지 않는 아이를 마치 유령 보듯 이상한 눈으로 본다. 그 시선은 아이라는 인간의 핵심을 뒤흔드는 것이다. 그래서 학교를 다니지 않는 아이는 아마도 사회적인 신분을 박탈당한 위기감이나 불안감을 스스로 품게 되고, 거기서 오는 소외감에서 오랫동안 자유롭지 못한 것이다.

'그냥 아이'는 허락되지 않는다

이와 관련된 내 이야기를 하나 할까 한다. 아들 중 하나가 초등학교 입학 3개월을 앞두고 갑자기 유치원을 그만두고 싶다고 해서 집에서 지내본 적이 있다. 앞에 나온 일곱 살 아이의 말을 빌리면, 아들은 긴 학교생활이 시작되기 전에 잠깐 '그냥 아이'로 있고 싶었던 것일지도 모르겠다. 나는 아이도 잠깐 쉬고 싶을 수 있겠거니 해서 크게 신경 쓰지 않았고, 있을 수 있는 일이라고 생각했다. 그런데 유치원을 그만둘 때 원장에게서 너무나 박력 넘치는 말을 들었다. "도중에 유치원을 그만두면 반드시 아이도 부모님도 평생 후회할 겁니다."

나는 '평생!?'이라며 놀랐다. '위압감을 주는 협박에 가까운 말을 하다니, 너무 과장된 표현이 아닌가'라고 생각했던 게 지금도 떠오른다. 아마도 그건 '아이 제도'에 반역하는 괘씸한 모자를 향한 비난과 질책이었을 것이다. 이렇게 이미 취학 전부터 부모와 자식은 이 제도에 복종하라고 강하게 요구 당하고 있다.

학교는 소속되고 통학하는 행위를 유치원이나 어린이집보다 훨씬 더 중요시한다. 아들이 유치원을 그만뒀을 때는 뭐 그런 것도 괜찮다고 느긋하게 있던 나도 학교를 무시할 정도의 대담함은 없었다. 유치원을 그만둔 당사자인 아들도 학교에는 당연하듯 다녔다. 학교는 너무나 당연시되고 있고, 게다가 부모에게는 아이를 매일 장시간 맡아주는 고마운 곳이기도 했다. 더군다나 매일 아이가 지역에서 친구들과 지낼 수 있는 장소는 부모에게도 꼭 필요했다. 아이가 친구들과 활기차게 지나다니는 것을 보는 것이 나는 무엇보다 기뻤다. 그런 의미에서 지역의 학교는 정말로 편리하고 없으면 안 되는 곳이었다. 그래서 적어도 집 가까이의 땅으로 이어져 있는 학교라는 곳을 아이도 부모도 나름대로 즐겁게 사용했으면 했다. 나는 학교를 우리들의 장場으로 사용할 수 있는 지혜와 실력을 갖고 싶다. 지금도 그 생각에는 변함이 없다.

내가 학교에 원했던 것은 아이를 낮 시간에 무사히 맡아주는 것, 많은 친구들과 충분한 시간을 보낼 수 있게 해주는 것이었다. 어차피 학교는 공부를 시킬 테니까, '어른들을 번거롭게 하지 않고 친구들과 지냈으면' 하는 다소 이기적인 어른들 측의 바람이다. 아마 아이들도 거기에 적당히 타협하고 납득하면서 지냈던 것 같다. 세상을 지배하는 '아이 제도'를 나름대로 받아들이고, 때로는 앞지르면서 말이다. 하지만 사회적으로 익숙해진 이 관습은 현재 큰 어려움을 만났다. 우리는 그 어려움을 아이들 입장에서 파악하려고 시도해야 한다.

아이들의 직함

21세기인 지금, 아이들이 학교에 가는 이유는 학력을 습득한다든가 사회성을 키운다는 내용적인 문제가 아니다. 그것들은 최근의 정보·소비사회에서 얼마든지 손에 넣을 수 있는 방법이 있기 때문이다. 인터넷이 보급된 지금, 어떻게 하느냐에 따라 적은 돈으로도 필요한 지식을 얻고, 간접적이나마 많은 사람과 접촉하는 일이 일단 가능한 것이다(물론 살아 있는 인간관계가 결여된다는 문제는 심각하겠지만). 그런데도 왜 학교가 놀랄 만큼 중요해졌냐고 한다면, 이미 이야기한대로 일본사회에서 학교만이 아이들의 신분을 규정하는 거의 유일한 곳이 되었기 때문이다. 또한 아쉽게도 학교는 아이들을 선별하고 서열화하는 장이기도 하다. 그 사회에서 '그냥 아이'는 허용되지 않고 어른의 경우로 말하자면 마치 '비국민' 같은 위치에 놓이고 만다.

일반적으로 "당신은 누구세요?"라고 질문 받으면 아이들은 우선 이름을 말할 것이다. 그리고 "○○학교 3학년입니다"라든가 "○○중학교 1학년입니다"라는 식으로 소속 학교나 학년을 붙이는 것이 일반적이다. 옛날에 가문이 사람들을 규정했던 시대의 아이들은 “어디어디 집의 장남입니다”, “누구누구의 딸입니다” 등으로 자기를 소개했다. 지금은 물론 그런 시대가 아니다. “너는 누구니?”라고 질문을 받은 아이가 이름 다음으로 사는 동네나 동 이름을 이야기하더라도 “어디 학교? 몇 학년?”이라고 질문을 이어가는 것이 보통이다.

아이들이라고 하면 학교다. 자신의 신분을 보여줄 수 있는 다른 것이 없다. 아이들의 존재를 규정하는 학교 소속이라는 규범의 힘은 특별한 것이다. 그리고 사회구조에 대해서 예민한 촉을 가진 아이들은 그 사실을 감지하고 있다.

부모들 또한 이 규범에 따라 아이들에 관한 이야기를 한다. “우리는 중학교 2학년 딸과 초등학교 5학년 아들, 둘이다”라는 식으로 소속 학년으로 아이를 소개하는 것이 일반적이다. 물론 “우리 아이는 일곱 살의 여자아이……”라고 직접적인 나이로 이야기하는 부모도 가끔씩 있지만, 왠지 어색한 분위기를 빚어내고 마는 것이 이 일본사회다.

나는 예전부터 소속 학년으로 아이를 이야기하는 것에 거부감이 있었다. 그래서 ‘열한 살과 아홉 살의 아들 둘이 있습니다’라는 식으로 우리 아이들을 나이로 소개하는 경우가 자주 있었다. 그런데 상대방은 “…… 그러면 4학년과 2학년인가요?”라는 식으로 학교 버전으로 되묻는 것이 일상이었다. ‘그냥 아이’로 있기가 이렇게 어렵다.

당당하게 이름 하나로 살고 싶지만

이제는 오래된 이야기지만, 등교거부 문제를 중심으로 사회를 생각하는 〈등교거부신문不登校新聞〉(현재는 〈Fonte〉)이 창간된 1998년, 나는 그 논설란에 실을 글을 부탁받고 다음과 같이 쓴 적이 있다. 오래된 글이지만, 그 내용이 내가 등교거부를 생각하는 원점들 중 하나이기에 조금 길어지더라도 요약해서 아래에 인용하려고 한다.

제목은 〈당당하게 이름 하나로 살아가다〉이다.

> 아이들에게 직함은 필요 없다. 그렇게 생각한다.
>
> 아이들의 직함이라고 하면 학교다. "저는 ㅇㅇ중학교 2학년 누구누구입니다", "ㅇㅇ고등학교의 누구누구입니다"라는 자기소개는 흔하다. 그 아이의 소속감은 학교에 있고, 그것이 소중한 일상생활이겠구나 생각하니 뭔가 마음에 걸린다.
>
> 부모도 처음 보는 사람에게 "아이는요?"라는 질문을 받으면 "중학교 2학년, 초등학교 3학년입니다"처럼 학년을 이야기하는 경우가 많고, "어디어디 고등학교에 다니는 아들이 하나"라는 식으로 학교명을 말하는 사람도 있다. 학교 이름을 말하는 경우는 대부분 그걸 자랑스럽게 생각한다. 아이들이라고 하면 바로 '학교'가 떠오르는 걸까. (생략)
>
> 어떤 아이도 "박ㅇㅇ, 몇 살입니다"라고 당당하게 말할 수 없는 것일까? 적어도 "어디 사는 누구누구"라고 지역 이름을 말하는 정도면 충분하지 않을까. 학교 이야기나 학

교를 다니지 않는다는 이야기, 그리고 가족에 대한 이야기나 좋아하는 것 등은 그 뒤의 이야기다.

자기를 어떻게 소개할 것인가. 그다지 대수롭지 않아보여도 굉장히 중요한 주제라고 나는 생각한다.

그 뒤를 이어서 나는 어떤 모임에서 있었던 자기소개와 관련된 일화를 적었다. 아이들이 아니라 어른들의 자기소개 장면이었다. 그 자리에 있던 사람들의 자기소개가 일단락된 다음에 40대쯤으로 보이는 남성이 이렇게 자신의 감상을 이야기했다. 다음은 앞의 글에 이어지는 것이다.

(자기소개에 대해서) 그는 이렇게 이야기를 시작했다. "아까부터 들으면서 인상적이었던 것은 여자 분들은 자기를 풀네임으로 소개하지만 남자 분들은 성만 이야기하시네요. 왜 그럴까? 생각하면서 흥미로웠어요." 그랬더니 옆에 있던 30대쯤으로 보이는 여성이 말했다. "왜냐하면 제가 성만 말하면 그건 '남편'을 가리키는 게 되어버리거든요. 이름이 중요해요." 나도 이야기했다. "남성중심사회에서는 성이 남자 것이기 때문에 이혼이나 결혼으로 성이 바뀌어버리는 경우가 많잖아요? 성만이 아니라 이름도 붙여서 자기소개를 하는 것은 여성이 시작한 문화인가요?" 듣고 있는 사람들 중에서 가장 어려 보이는 남성이 말했다. "이런 이야기

를 읽은 적이 있어요. 기차 안에서 맞은편에 매우 거만한 남자가 있었다. 그런데 그 남자가 화장실에 갔다 오더니 갑자기 주뼛주뼛 비굴하고 자신 없어 보였다. 그 남자는 화장실에서 사원배지를 떨어뜨린 것이었다. 승무원이 찾아내어 남자에게 돌려주자 그 남자는 다시 원래대로 거만한 태도로 돌아왔다……. 뭐 이런 이야기였어요."

누구누구 엄마라고 자기소개를 하거나, 누구누구 사모님이라고 부르는 대신 서로 풀네임으로 부르자는 여자들의 움직임이 일어난 지 오래다. 앞에서 이야기한 모임 자리에서 볼 수 있었던 것처럼 그러한 흐름은 여자들의 일상 속에 자연스럽게 뿌리내렸다. 정말 기분 좋은 일이다.

다음은 아이들 차례다. "꼬마야, 몇 학년?"이라고 물어보는 어른들의 말버릇부터 그만뒀으면 좋겠다. 그리고 어떤 아이든지 자신의 이름과 적어도 나이로 자기소개를 하자. 학교가 있어야만 아이들이 존재하는 것은 아니다. 화장실에서 학교배지를 떨어뜨려도 나 자신은 달라지지 않는다.

여자도 남자도 아이들도, 모두가 이름 하나로 당당하고 깔끔하게 이 세상을 살아가고 싶다.

〈등교거부신문 제7호〉, 1998년 8월 1일자

아이들의 신분

10년도 더 지난 이 글을 지금 보니 "그렇게 쉽지 않은 이야기를 시원스럽게 잘도 막 썼구나" 하고 나의 단순함을 깨닫는다. 사람은 법의 그물이나 복잡한 사회 통념에 둘러싸여 산다는 것에 대한 자각이 부족했기 때문이다. 하지만 사실은 그 쉽지 않은 것들을 깨뜨리려고 더 꾸준히 노력했어야 했다. 되풀이하는 말이지만, 나는 지역의 학교가 부모와 아이들에게 꼭 필요한 장소라고 생각한다. 하지만 그 학교를 우리들의 것으로 활용하고, 권위를 점차 없애면서 부모와 아이들을 구속하는 힘에 저항하는 그런 노력이 우리 어른들에게 부족했다고 새삼 생각한다. 아이들이 지금도 학교라는 아이들 관리제도에 강하게 구속될 수밖에 없는 것은 사회에 매몰된 권력적인 '아이제도'에 안이하게 따른 동시에 그것을 이용한 우리 어른들의 의식을 반영한다.

직함이라는 것은 제도나 제도적인 힘에 의한 관리와 깊이 관계되어 있다. 여자들은 '어느 집의 며느리'나 '누구누구의 아내'라고 자신을 규정하는 남성중심문화와 싸우고, 이름을 부르며 이름으로 자기소개를 하는 문화를 구축했다. 게다가 사회에서 직업을 가지거나 집안일에 전념하거나 사회활동에 몰두하는 등 다양한 삶의 방식을 손에 넣었다. 물론 여성차별은 여전히 뿌리 깊게 남아 있고 여자들은 취업조건이나 임금, 승진, 일의 내용 등의 차별을 비롯해서 구태의연한 남성중심사회와 싸우고 있다. 그렇지만 가장 입장이 약한 곳에 있는 아이들에 대해서는 학교제도에 의해 규정되는 신분에서 풀어주려는 노력을 소홀히해왔다. 그뿐만 아니라 아이들을 그 틀에 집어넣어왔다. 즉, 그것은 보다 약한 곳에 있는 아이들에 대한 억압을 방치해왔다는 것이다.

여권과 책가방 그리고

지금까지 많은 등교거부론에서는 학교가 안고 있는 문제의 중요성에 대해 되풀이해서 지적되어왔다. 평가중심주의, 부당한 관리주의, 경쟁의 강요, 학습과제의 과잉, 불합리한 생활과제, 그리고 그런 요인들에서 나타나는 괴롭힘의 문제, 또 등교거부를 하는 아이들에 대한 학교의 부적절한 대응 문제……. 비뚤어진 학교 문제를 지적한 수는 엄청나다. 게다가 '학교신앙'으로 구속된 가족 문제도 거듭 논의되어왔다.

하지만 지금까지 제도적인 틀로 아이들의 위치를 규정한 사회구조의 압력 그 자체에 대해서는 논의되지 않았다. 이 문제는 '학교가 이상한 곳이라면 안 가면 된다'라는 생각으로는 해결할 수 없는 깊이와 무게를 갖고 있다. 그 깊이와 무게는 아이도 어른도, 모든 인간이라면 제도나 제도적인 것 안에서 자리하고 구속된다는 사실과 깊은 관련이 있다.

제도론이란 매우 복잡하고 어려운 것임에 틀림없다. 제도의 집약체로 말하자면 국가가 있는데, 내게는 국가론을 전개할 만한 역량 같은 것이 아무래도 없다. 평소 생활도 제도를 거의 의식하지 않고 흘러가고 있다. 하지만 매일의 생활 뒤편에서 국가나 제도가 인간을 근본적으로 규정하고 있다는 것은 명백하다.

하루하루 평범한 일상 속에서는 제도를 정면으로 의식할 일이 적다. 바쁘게 지나가는 시간 속에서 우리는 제도 같은 것을 망각하고 있다. 중요한 것은 실제 생활이기 때문에 그걸로 충분하다.

하지만 그런 제도를 생활 속에서 실감할 때는 예를 들면 해외여행을 할 때다. 일본을 나갈 때나 외국으로 들어갈 때 반드시 갖고 있어야 하는 여권. 설사 국적을 중요하게 생각하지 않는 코즈모폴리턴, 즉 세계주의자라고 늘 자칭하는 사람이라도 출입국 시에는 그 신조가 통하지 않는다. 거기서는 반국가주의자도 애국자도 나란히 출입국 심사대를 통과한다.

법, 제도, 국가. 이런 쉽지 않은 시스템 속에 우리 생활이 있다. 설령 이런 나라에 살고 싶지 않다, 일본에는 이제 희망이 없다, 국적을 반환하고 싶다고 투덜거려도 우리들 중 많은 이가 다양한 굴레를 안고 제도와 타협하면서 생활해간다. 불합리한 제도가 있으면 그것을 바꾸거나 벗어나려는 투쟁도 하면서 말이다.

문제는 아이들에 대해서도 우리가 똑같은 인식을 가져왔는가 하는 것이다. 내 멋대로 명명한 '아이 제도'라는 것은 물론 그 자체가 법적으로 규정된 것이 아니다. 그것은 눈에 보이지 않는 사회통념을 가리킨다. 하지만 등교거부 문제를 학교란 어떤 존재인가의 문제에만 가두어버린다면 출구를 찾기 어려울 것이다.

제도나 규범, 즉 사회적 시스템이라는 주제는 어른들에게도 굉장히 난해한 것이기 때문에 아이들에게는 더더욱 낯선 것이라고 생각할지 모르겠다. 하지만 이 세상에 태어난 아이들은 앞서 말한 것처럼 사람을 규정하고 있는 다양한 시스템들을 생각보다 민감하게 느끼고 있다. 적어도 그것들에 강한 관심을 품고 있다는 것은 확실하다. 그들이 앞으로 자라서 살아가는 가운데서 빼놓을 수 없는 중요한 주제이기 때문일 것이다. '못 가진 자'인 아이들은 약한 처지에 있기 때문에 소중한 것이나 일에 대해서 감도 높은 촉각을 가지고 있다. 아이들은 그 촉각으로 사회를 감지하는데, 아이들의 상징인 책가방으로 자신을 지키고 안전하게 살아가려고 하는 것이 그 예라고 하겠다. 아이들은 부모의 의향 아래에만 있는 것이 아니라 몸 절반이 사회 쪽에 있는 것이다.

사회 시스템을 알아채다

긴 세월 동안 내가 우리 아이들, 손주들과 생활하면서 쭉 느끼고 있는 사실 중 하나가 아이들은 사회 시스템을 열심히 이해하려고 하는 생명체라는 것이다. 어린아이도 마찬가지다. 예를 들면 가족이라는 시스템이 있다. 아이들은 가족을 고집한다. "우리 가족은 네 명", "우리 가족은 다섯 명"이라고 서로 자랑하듯 말한다. 그리고 자기 부모를 특별한 존재로 본다. 나는 거기서 단순히 낯익은 친한 사람이라는 감각을 초월한, 자신을 포함한 세상 시스템에 대한 초보적인 인식이 있음을 느낀다. 그것은 자신의 사회적인 소속에 대한 관심에서 시작된 것이리라. 학교처럼 가족도 제도 속에 있지만, 이건 너무 큰 문제라서 여기서는 언급하지 않겠다.

사람은 사회적인 존재로 이 세상에 태어나고, 아이들은 어리지만 그 나름대로 자신이 어떻게 사회로 편입되어 있는지 알려고 한다. 또한 세상에서 중요하다고 여겨지는 것에 민감하다. 요즘 시대에 휴대전화나 컴퓨터에 조그만 아이가 엄청난 관심을 가지는 것은 단순히 어른들을 모방해서가 아닌 것으로 보인다. 현재 그것들이 세상에서 힘을 가진 도구라는 것을 알아차렸기 때문이기도 할 것이다. 아이들에게 학교도 그중 하나이다.

미래를 향해서 세차게 변화하는 아이들은, 당연하지만 자기 미래를 위해서 빠뜨리면 안 되는 것을 알아챈다. 그렇기 때문에 관심을 가진다. 아이들이나 젊은이들이 미래를 알아채는 힘에는 어른들이 도저히 맞설 수 없다. 어른들은 과거를 가지고 과거를 발판으로 살기에, 어느 정도 느긋함을 습득하여 그만큼 미래를 잡으려는 박력과 비전을 잃었기 때문이다.

하지만 아이들은 그렇지 않다. 의지할 과거가 없는 만큼 앞으로 다가올 미래를 진지하게 예측하고 대처한다. 아이들이나 젊은이들을 보고 있으면 다가올 세상이 보인다고 하는 것도 그런 이유에서다.

아이들은 우선 가족이라는 단위에 소속감을 갖고서 관심을 보이기 시작한다. 예전의 지역공동체와 가부장 제도의 시대라면, 가족 다음으로는 이 마을 아이와 이웃마을 아이, 장남의 아이와 차남의 아이라는 식의 소속개념이 있었을 것이다. 하지만 요즘 시대 아이들에게는 가족 다음으로 오는 것이 어린이집이나 유치원 등 아이들 집단 속의 자기 위치이다. 이 장章의 시작에서 인용한 어떤 아이의 말, "나는 지금, 그냥 아이"에 있었던 것처럼 말이다. 유치원이라면 5세반, 6세반, 7세반이라는 학년으로, 여기에다 달님반, 별님반 등의 반으로 구별된다. '7세반 오빠, 형, 언니, 누나'는 인정을 받는다. 그리고 그 다음에 오는 것은 학교다.

학교의 의미는 급격한 정보사회의 진전 속에서 확실하게 변했다. 일본사회에서 1980년대부터 등교거부 학생이 증가한 현상도 이와 관련이 있을 것이다. 이제 학교에 가지 않더라도 지식의 습득 자체가 자유롭지 않은 시대는 아니다. 하지만 사회가 '그냥 아이'를 받아들이기 시작했냐고 하면 그렇지도 않다. 아이들은 여전히 '학교 아이'로 계속 존재한다.

동네에 아이들이 넘쳐나지 않도록

아이들은 왜 학교에 가는 것일까? 학교란 무엇일까?

여기서 다시 그 물음에 대해 학교에 가지 않는 것, 즉 등교거부의 시각에서 이야기해보겠다. 특히 학교에 가지 않게 된 아이들의 고통이 왜 그렇게 클지, 거기에 초점을 맞춰서 더 깊이 생각해보려고 한다.

생각하기에 앞서, 벌써 30년도 넘은 기억 하나를 실마리로 꺼내보고 싶다. 그것은 어떤 집회에서 들었던 말이다. 등교거부가 계속 증가하던 1980년대의 일인데, 나는 등교거부 문제를 중심으로 한 어떤 심포지엄에 참석했다. '왜 아이들에게 학교가 필요한가?'라는 논의가 다양하게 오가는 그 자리에서 한 명의 참가자가 담담하게 발언했다. "낮에 동네에 아이들이 넘쳐나면 곤란하기 때문 아닐까요?"

'맞는 말이네!'라고 나는 생각했다. 학교가 없으면 역시 곤란하다. 공부 · 평가 · 교육의 장으로서가 아니라 낮에 몸을 맡길 수 있는 학교. '위' 쪽으로부터의 위압적인 학교관觀을 벗어난, 우리들 쪽에서 본 가벼운 학교필요론, 학교거처론이다. 지역에서 살아가는 우리들의 실상을 살펴보면 어떤 면에서 학교는 그 참가자 말 그대로의 장소다. 나는 아무렇지도 않게 핵심을 찔러버린 그 말에 너무도 속 시원히 납득했기 때문에 지금도 잘 기억한다. 그 말을 들은 게 우리 아이들이 중학생 때쯤이었던 것 같다.

당시 나는 부모 입장에서 학교의 지도와 교육이라는, 아이들에 대한 뿌리 깊은 지배성에 대해 나날이 저항하면서 한편으로 '자유로운 교육'이라는 모순된 환상에서도 벗어나지 못하고 있었다. 교육이란 아이들을 자유롭게 두지 않고 어른들의 의향에 끼워맞추는 행위이기 때문에 '자유로운 교육'이란 모순된 생각이다. 하지만 그때 내 마음속 한구석에는 '자유롭고 좋은 교육'에 대한 미련이 남아 있었다. 그런 때 들었던 "낮에 동네에 아이들이 넘쳐나지 않도록"이라는 생활 측면에서 학교의 원점을 바라본 표현은 나를 짓누르고 있던 교육에 대한 욕망의 굴레를 깨끗이 벗겨준 느낌이었다.

하지만 그렇다면 학교는 단순히 아이들의 수용소란 말이냐는 항의가 바로 나올 것 같다. 또한 어른들의 솔직한 이유는 표현 그대로라고 하더라도, 학교에 모인 아이들 입장은 어떻게 되냐는 목소리도 있을 것이다. 아니, 학교는 학력과 국력이라는 측면에서 논해야 한다는 사람들도 분명 많을 것이다. 또한 등교를 거부하는 학생들 중에서는 아이들에게 학교는 필요 없다고 말하는 사람도 있을 것이다. 학교에 대한 의견은 사람들 삶의 방식의 수만큼 있을 것 같다.

'의무교육'과 등교거부

요즘 사회에서는 아이에게 익숙한 동네 가까이에 학교가 없으면 부모들이 곤란하다. 일단 일에 지장이 생길 테고 갈 곳 없는 아이들이 넘쳐나면 동네도 역시 위험하다. 낮에 아이들을 안전하게, 가능하다면 최대한 기분 좋게 돌봐주는 곳이 필요하다. 다양한 학교론이 범람하는 현재, 학교는 생활 속에서 당연한, 부모들에게 소중한 곳이라는 원점에 선다. 거기가 부모와 아이의 현실적인 출발점이다.

그렇다고는 해도 현실의 학교는 그런 자연스러운 태도와는 거리가 멀다. 아이들은 크고 작은 차이가 있을 뿐 누구나 학교 때문에 마음이 무겁다. 그 마음 무거운 날들이 거듭되면 학교에 가고 싶지 않게 된다. 그런데 쉽게 그럴 수는 없다. 지금까지 반복해서 이야기했듯이, 학교에 가야만 아이로서 인정받는다는 압력이 사회에 깔려 있다는 것을 아이들은 충분히 알아채고 있기 때문이다. 그래서 아이들은 학교에 가도, 안 가도 고통스러운 상황으로 몰린다. 거기에는 '의무'라는 딱딱한 말이 붙어 다닌다.

'교육을 받을 권리, 교육의 의무'에 대해서 일본의 헌법에는 다음과 같이 적혀 있다. '(1) 모든 국민은 법률이 정한 바에 따라 그 능력에 맞게 평등하게 교육을 받을 권리를 가진다. (2) 모든 국민은 법률이 정한 바에 따라 그 보호하는 자녀에게 보통교육을 받게 하는 의무를 진다. 의무교육은 이것을 무상으로 한다'(제26조).

여기에 적힌 '의무'란 아이들을 연소노동年少勞動하게 하지 않고 취학시켜야 한다는 부모의 의무이고, 또한 일정 기간 국가가 아이들 배움의 자리를 무상으로 마련해야 한다는 의무이기도 하다. 그런 의미에서 볼 때, 이는 물론 필요한 약속이다. 이 헌법 조항은 본래가 아이들을 보호하기 위한 것이기 때문이다. 여기서 말하는 의무란, 의지를 가진 아이들이 늘 학교에 가야 한다는 아이들의 의무를 의미하지는 않는다. 하지만 이 법률은 아이들의 의지를 상정하고 있지 않으며, 사회에서는 아이들의 등교 책임이 부모에게 있다고 받아들여지면서 '등교 의무감'은 부모와 아이를 공기처럼 둘러싸고 있다. 그리고 아이를 지배하고 싶어 하는 부모의 권력욕을 후원하고 있기도 하다. 국가와 부모는 아이들에 대한 지배를 둘러싸고 비뚤어진 결탁을 하면서 아이들에게 학교를 강요하고, 때로는 결과적으로 아이들을 죽음으로까지 몰고 간다.

일본에서는 140년 전 학제반포를 통해서 처음에는 '관官'에 의해 학교가 중요한 곳으로 자리매김했고, 서서히 '민民'의 의식도 그것에 지배당하고 말았다. 그 결과, 학교 때문에 부모들이 긴장하는 세상이 되었다. '등교거부? 큰일 났다!' 하면서 사람들이 동요하는 것은 세상에 뿌리 내린 학교지상주의 감각의 반증이다. 학교에 대한 그런 감각을 우리 속에서 걷어내고, 동네의 학교를 자연스럽게 우리의 거처로서 잘 이용할 수 있는 힘을 키워나가야 한다.

나는 예전에 대학교 강의 중에 젊은이들에게 "학교란 뭘까요?" 하고 물었을 때 "아이들이 낮에 있는 곳이죠"라며 자연스럽게 마음에서 우러나오는 대답이 돌아오는 것을 많이 경험했다. 대학생이 되어 과거를 돌아볼 여유가 있어서 그런지, 납득할 만한 맞는 대답이다. 어른들에게도 그러한 깨달음과 자연스러운 태도가 필요하다. 하지만 현실에서는 그런 흐름을 가로막는 거대한 힘이 작용하고 있다. 그 힘의 정체를 깊이 파헤치고자 한다.

생활에 깊숙이 들어온 학교

'아이들은 왜 학교에 가는가?'라는 물음은 등교를 거부하는 아이들 때문에 세상에 그 모습을 확실히 드러냈다. 30년 전쯤, 그러니까 1980년대에 들어설 때까지는 거의 사람들 앞에 표면화되지 않았던 물음이다. 왜냐하면 사회 일반에게도, 부모에게도 오랫동안 학교는 공부를 위한 당연한 장소로 받아들여졌기 때문이다.

물론 오랫동안이라고 해도 겨우 최근 100년 정도의 일이고, 학제가 반포된 메이지 5년(1872년) 이후 얼마간은 “학교제도를 그만두라”, “아이들을 학교에 보내지 않겠다”라는 사람들의 항의와 반발이 학교를 불태우려는 폭력마저 동반해서 일어났다고 한다. 당시 사람들에게 ‘위’에서 아이들을 모으라고 하는 학교 따위는 오히려 민폐였다. 그전까지는 어른도 아이도 각자의 힘에 맞게 일하고, 배우고, 함께 생활하는 것이 당연한 일이었기 때문이다.

하지만 일본에서 근대화가 진행되면서 국가의 관리가 철저해지고, 아이들이 학교에 가야 한다는 의식은 급속히 사회에 녹아들어 정착했다. 그것은 거의 20세기 초, 메이지 시대 후반쯤의 일이었다. ‘위’에서는 정말로 교묘하게 사람들의 의식과 행동을 통제한 것이다. 이후 100년 정도, 아이들이 학교에 가는 것이 지극히 당연한 사실로 받아들여지는 사회가 계속되었다. 적어도 1980년대에 아이들의 등교거부가 사회문제로 떠오르면서 “왜 학교에 가지 않는 아이들이 늘어난 것일까?”라는 물음이 등장하기 전까지는 말이다.

등교거부가 던진 반문

‘아이들은 왜 학교에 가는가?’라는 최근의 물음은 당초 ‘왜 학교에 가지 않는가?’라는 등교를 거부하는 아이들에 대한 물음의 반문으로 정면에서 등장했다. ‘아이’라고 하면 바로 ‘학교’를 떠올리는 감각과 생각이 정착되어 있던 일본사회에서 1980년대

쯤부터 학교에 갈 수 없는, 또는 가지 않는 아이들이 해마다 만 명 단위로 증가했기 때문이다. 주위에서는 꼭 그 아이들에게 "왜 학교에 안 가니?"라는 물음을 던졌다. 그에 대해 등교를 거부하는 아이들이 "그럼 당신은 왜 학교에 가나요?"라고 되묻는 형태로 이 물음이 등장하기 시작한 것이다.

그런데 학교에 가는 쪽은 왜 가는지, 왜 갔는지 거의 생각해 본 적이 없기 때문에 그만 허를 찔려서 "당연한 거잖아", "아이라면 학교에 가야지"라고 어이없다는 듯 무시하거나, "국민의 의무지"라고 국가 우등생처럼 단언하거나, 때로는 "누구나 아는 그런 걸 질문하는 게 오히려 이상하다"며 비난하는 등 정면으로 이 물음에 응하는 경우는 적었다.

그래서 등교를 거부하는 쪽에서 제시한 '왜 당신은 학교에 가는가?'라는 물음에 대해서는 실제로 등교를 거부하는 당사자 아이들의 입장을 이해하고 지원하는 사람들 스스로가 발언하는 것이 흐름이 되었다. 관련 저서 몇 권도 세상에 나왔다. 《아이는 왜 학교에 가는가》(와타나베 다카시渡辺位, 교육사료출판회, 1996년)라든가 《학교는 필요한가》(오쿠치 게이코奥地圭子, 일본방송출판협회, 1992년) 등이다.

고故 와타나베 다카시 씨는 1970년대부터 등교거부는 병이 아니라 학교화學校化사회에 대한 이의신청이라고 주장해온 소아정신과 의사다. 또한 전직 교사인 오쿠치 게이코 씨는 1980년대 중반에 등교를 거부하는 아이들이 머물 수 있는 공간인 '도쿄 슈레(Tokyo Shure)'를 창립하여 부모와 아이를 지원하는 활동을 활기차게 펼쳐온 것으로 널리 알려져 있다. 따라서 그들의 저서에서 이야기하는 것은 단순히 '왜 학교에 가는가?'가 아니라 '왜 이렇게 가혹한 학교에 가는가?'였다. 그 내용을 요약해보면 '학교가 너무나 가혹한 곳이기 때문에 아이들은 갈 수가 없다, 안 가는 것이다', '그럼에도 불구하고 많은 아이들은 학교 또는 국가로부터 등교를 강요받고, 학교신앙에 사로잡힌 사람들에 의해서 통학을 강요받고 있는 것이다' 라는 주장이 핵심이다.

일본사회에서 '학교 공포증'이라는 이름 아래 학교에 갈 수 없는 아이들이 나타나기 시작한 것은 1960~70년대부터다. 이때는 등교거부의 원인이 부모의 교육방식이나 아이들 본인의 자질에 있다고 하는 의견이 중심이었다. 권력에게 유리한, '문제의 개인 환원 사상'이다. 그러한 생각을 실제로 세상에 널리 알린 것은 주로 정신과 의사나 심리학자 등 이른바 '마음의 전문가'로 불리던 사람들이다. 당시 심리상담 일을 했던 나는 상담하러 방문한 부모와 아이들에게 그런 생각으로 대하고 말았는데, 그렇게 보낸 세월이 10년 정도 된다. 하지만 그런 생각이 부당하다고 깨달은 것은 한심하게도 우리 아이들이 학교에 다니고부터였다. 전문가의 말에 의문을 품게 되면서 그때까지 있었던 등교거부에 관한 이론이나 치료 실천에 대해 되물으면서 나는 이후 30년 정도의 세월을 보내온 것이다.

등교거부의 원인을 부모의 교육방식과 아이 본인의 자질에서부터 생각하는 전문가의 시각이나 사회의 풍조에 대항하여, 당사자인 아이나 부모의 편에서 "아이나 부모가 이상한 것이 아니라, 학교가 이상한 것이다"라고 반론해나가는 것은 필연적이었고, 실제로 그랬다. 나 또한 학교가 주는 스트레스가 계속 쌓여서 결국 아이들이 나가떨어지는 거라고 1990년대에 논한 적이 있는데, 지금도 그 생각은 바뀌지 않았다.

'아이 제도'에 의한 구속

앞서의 지적이 옳다고 해도 그것으로는 충분하지 않다고 지금은 생각한다. 등교거부의 배경과 문제의 원점을 사회 전체 구조를 고려해서 조금 더 깊이 살펴봐야 한다.

많은 아이들이 계속해서 학교에 다니고 있고, 학교에 가지 못하게 되면 심한 불안감에 쫓기는 것에는 학교 자체가 생산하는 문제와 더불어 보다 근본적인 이유가 있다. 그것이 '아이 제도'라는 이름에 어울리는 사회통념의 강고함이라는 것은 이미 논했다. 아이는 학교에 소속되면서 처음으로 아이로 인정받는다고까지 말할 수 있다. 어른들에게는 '사람도 아니다'라는, 인격을 부정하는 표현이 있는데, 아이들은 등교거부로 인해서 사회에서 '아이도 아니다'라는 인간 실격과 같은 처지에 놓이게 된다. 학교를 다니지 못하면 고통스럽고, 때로는 취학 연령이 지나서도 그 고통이 연장되는 것은 이 사회에 '학교가 있어야 존재하는 아이'라는 전제가 있기 때문이다. 그리고 아이들 또한 직감적으로 학교에서 벗어나면 사회적 발판을 잃는다는 위기감을 품고 있는 게 아닐까.

중학생 때 등교를 거부했던 한 젊은이는 예전에 '이렇게 학교를 안 가고 있다가 죽는 게 아닐까' 싶을 정도로 큰 공포감을 느꼈다고 한다. 그러던 어느 날 밤, 교복을 집 근처 강에 버리고 나서야 조금 해방감을 느꼈다고 한다. 학교에 안 가는 정도로 그렇게 궁지에 몰리다니, 참 안타깝다고 할 수밖에 없지만, 그 또한 사회를 강하게 지배하고 있는 '아이 제도'가 존재하기 때문일 것이다. 하긴 그 젊은이는 "그때 교복을 강에다 버리다니, 그건 그냥 쓰레기 불법투기잖아"라고 웃어넘기며 글을 마치고 있지만 말이다.

국가가 이 땅에 깔아놓은 '아이 제도'는 부모와 아이들, 사회 전체의 말단까지 강고하게 지배하고 있다. 그렇다면 어른들은 어떤가? 어른들은 늘 '국민'이라는 말로 국가체제에 편입되고 그 위치를 부여받고 있다. 주민등록을 하고 세금을 내며 국가의 법률 아래서 생활한다. 나는 사람을 국가에 끼워 넣는 이 말을 좋아하지 않기 때문에 늘 국민이 아니라 주민 · 시민 · 사람들 등으로 바꿔 쓰지만, 아쉽게도 그것은 위안에 가까운 습관이라고 인정할 수밖에 없다. 사실상, '국민'으로부터 탈출하는 것은 지극히 어려운 일이기 때문이다. 그와 동시에 아이들은 법적 명칭은 없지만 '학교민'이라고 불러야만 할 것 같은 신분으로 국가체제에 강력히 구속되어 있다. 어른들도 제도의 우리 속에 갇혀 있기는 하지만, 아이들의 우리는 그것보다 훨씬 좁고 자물쇠가 단단하다.

어른들이 본래 국가가 있어서 존재하는 인간이 아닌 것처럼, 아이들도 결코 학교가 있어서 존재하는 아이들이 아니다. 하지만 사람들을 관리하고 통괄하는 국가는 근간에 학교제도를 깔고 아이들을 지배하고, 그 위에 사람들의 행동과 의식 기반을 단단히 만들어왔다. 그러한 사실이 부모와 아이들의 학교중심 사상을 강하게 규정하고 있다.

부모의 생각을 뛰어넘는 중압감

등교거부는 어른으로 말하면 이혼과 비슷하다는 표현을 본 적이 있다. 학교와 헤어지는 것이니 어떤 의미에서는 그렇게 말할 수 있을 것이다. 하지만 아이들이 갖고 있는 신분은 어른들에 비해 단순하기 때문에 등교거부는 어른들의 이혼만큼 쉽지 않다. 어른이라면 이혼한 다음 날도 변함없이 직장에 출근할 수 있을 테고, 만약 실직하더라도 학부모 모임이나 동네 모임에는 예전처럼 참가할 수 있을 것이다. 어른들은 복선적複線的 신분을 가지기 때문에 '어떤 어른'에서 '다른 어른'이 될 수 있는 경우나 길이 있다. 하지만 아이들은 그럴 수 없다.

아이들은 학교에 가지 않으면 집에 있을 수밖에 없는데, 이때 반드시 주변에서 "무슨 일이 있느냐?"는 의심을 받는다. 학교 이외의 사회적 직함을 갖고 있지 않기 때문이다. 그래서 친구 집단이라는 구체적인 존재와 아이의 신분을 규정하는 학교제도에서 소외되는 아이들의 위기감은 어른들의 이혼과는 비교할 수 없는 것이다.

학교에 가고 싶지 않은데 절대 무리해서 갈 필요는 없다. 하지만 당사자인 아이들이 학교에 안 가면 그만이라고 생각하기는 쉽지 않다. 설령 부모가 "학교에 가지 않아도 괜찮아"라고 인정해주더라도 '그것으로 끝!'이라고 할 수 있는 이야기가 아니다. 물론 그 편이 날마다 부모가 등교를 강요하는 것보다는 낫다고 해도 말이다.

부모가 등교거부를 어떻게 받아들이는가는 아이들에게 물론 중대하다. 등교를 강요받느냐 아니면 결석을 허락해주느냐의 차이는 크기 때문이다. 하지만 부모가 등교거부를 허락한다고 해서 그것으로 아이가 해방되는 것은 아니다. 아이의 고통은 부모의 자세에만 달려 있다는 식으로 부모의 역할을 과대평가해서는 안 된다. 거듭 말하지만, 아이들은 부모와 아이의 관계 속에서만 살아가는 것이 아니기 때문이다. 아이는 집 밖의 사회에서도 살아가고 있다. 적어도 그것을 느끼고, 알고 있다. 책가방을 벗는 것은 현재 사회를 살아가는 아이들에게 위험하다고 느껴지는 것도 그런 이유에서다. 그렇다고 책가방을 절대 벗지 말라는 말은 아니다. 다만 무거운 학교 가방을 맬지, 벗을지의 양자택일이 아니라 평소부터 아이의 등을 가볍게 할 수 있는 길을 우선 찾는 것이 필요하지 않을까? 모든 아이들과 부모의 의식변혁을 통해서 말이다.

등교를 거부하는 아이들을 고통스럽게 하는 것은 부모의 압력이나 학교의 강제력이라는 직접적 원인만이 아니다. 그밖에도 학교에 가지 않으면 사회에서 어엿한 아이나 인간으로 인정받지 못한다는 막연한 공포감이 있을 것이다. 이미 여러 차례 언급한 '아이 제도'에서 벗어나는 것에 대한 불안이다. 하지만 과거를 살펴봐도 그건 특별히 아이들에게만 해당하는 이야기가 아니다. 심각성의 정도야 다르겠지만 오래되지 않은 과거에는 어른들도 그랬다.

'어른의 신분'을 되돌아보다

예를 들어서 여성의 과거 '신분'에 대해서 생각해보자. '결혼'이나 '아이 출산'에 대한 사회적 통념, 이른바 '여성제도'로 지배되는 관념은 여성을 강하게 속박해왔다. 그 속박이 풀리기 시작한 것은 겨우 최근 삼사십 년 사이의 일이다. 지금도 그 속박이 전부 풀리지는 않았다. "여자 주제에"라는 말은 안타깝게도 아이들 세계에서조차 아직 남아 있다. 최근 월드컵에서 우승한 여자 축구팀 선수들도 예전에 팀의 남자들에게서 이런 말을 들었다고 하니 말이다!

오랫동안 여자는 젊었을 때 결혼하여 몇 명의 아이를 가지는 것이 당연한 것으로 생각되었다. 여성들이 처음 만난 사람에게 "아이는 몇 명이죠?"라는 질문을 받는 것도 드문 일은 아니었다. 마치 지금의 아이들이 "몇 학년이니?"라는 질문을 받는 것이 당연한 것처럼 말이다. 요즘은 다짜고짜 "아이는?"이라는 질문을 하는 것이 실례라고 느끼는 사람들이 많아졌다. 젊은 여성이라면 결혼해서 아이를 낳는 것이 당연하다는 생각에서 많이 벗어났기 때문이다.

한때, 처妻나 모母의 범주에 들어가지 않는 여성에 대해서 '가지 않은 과부', '소박데기 딸', '석녀' 등과 같은 차별적 호칭이 있었다. 석녀라니, 정말 지독한 표현이다. 하지만 당시로부터 수십 년이 지난 현재, 이런 호칭들이 서서히 '싱글', '돌싱', '노키즈(No Kids)' 등과 같은 가벼운 표현으로 변화했다. 미혼, 이혼, 자식이 없는 여성이 흔해진 것이다.

2005년 일본에서 실시된 국세조사에서는 30~34세 여성의 미혼 비율이 32.6%로 3할을 넘었다. 지난 2000년의 조사에서는 26.6%였으니까 6%가량 상승했다. 그 배경에는 다양한 요인이 있겠지만 석녀로 상징되는 차별에 저항하는 여성의 힘이 사태를 변화시켰다는 것은 틀림없는 사실이다.

예전에는 남성에 대해서 오로지 일만 하는 사람이라는 인식이 당연한 것으로 여겨졌다. 그래서 한때 남성에게 "어디 다니세요?"나 "어떤 일을 하세요?"라는 초면의 인사는 전형적인 것이었다. 남자라면 일의 직함이 중요하고, 우선 그것부터 물었던 것이다. 앞서 소개한, 사원배지를 화장실에 떨어뜨린 남성의 사례도 마찬가지다. 하지만 경제상황의 변화 속에서 남성들이 일하는 방식도 본의든 본의 아니든 바뀌고 있다. 그에 따라 남성에게 가볍게 직업을 물어보는 일도 사라지고 있다. 또한 가사와 육아에 실제로 관여하는 남성이 늘고 있는 추세다. 남자는 일, 여자는 아이라는 하나의 패턴이 무너지기 시작했다는 점은 환영할 만한 일이다.

그런 가운데서도 '아이들은 학교'라는 패턴만은 흔들리지 않고 살아남아 있다. 그 이유 중 하나가 아이들은 신체적으로도 사회적으로도 약한 입장이고 보호가 필요한 존재라는 것이다.

부정하기 어려운 사실이다. 낮에 동네에 아이들이 넘쳐나면 역시 위험하고, 어른들도 곤란하다. 하지만 약자라고 해서 아이들에게 너무 어려운 문제를 일방적으로 강요해서는 안 된다. 아이들도 생명체이다. 등교거부나 왕따라고 불리는 행동은 이 속박에서 어떻게든 빠져나가고 싶다고 아이들이 가까스로 표현하는 것이기 때문이다.

"학교는 바뀌지 않는다……"와 같은 체념의 말을 자주 듣는다. 아쉽게도 그 말과도 같은 현실이 계속되고 있다. 학교 건물 옥상에서 뛰어내려 죽은 여고생 어머니의 말이 가엾다. "'학교가 바뀔 일은 절대 없다'던 딸의 마지막 말이 귓가를 맴돕니다"(《감자부모 모임 통신》, 2011년 8월).

아이들의 절망 섞인 말을 들으면서 우리는 더 이상 누군가 제도나 상황을 바꿔줄 거라고 기다릴 수만은 없다. 우선 조금만 더 아이들이 지금 이곳에서 '제멋대로' 지낼 수 있도록 우리 어른들이 적극적으로 협력해야 할 것이다.

제멋대로, 그리고 학교를 내 것으로

'제멋대로'라고 하면, 아이들이 '제멋대로'하는 것을 인정하라니 터무니없는 이야기라고 촉각을 곤두세우는 사람들이 많을지 모르겠다. '자유'라면 이해한다고 할지도 모른다. 하지만 지금 일부러 '자유'라고는 표현하고 싶지 않다. 이 말은 안타깝지만 권력을 가진 무리에게 농락당해 수상쩍은 말이 되고 말았다. 1980년대 후반, 일본 임시교육심의회 답신에 기재된 '교육의 자유화'란 분명 교육에 관련된 '경쟁의 자유화'를 말하는 것이 아니었을까. 나는 그렇게 어딘가에서 자유의 장을 찾을 게 아니라 지금 우리가 있는 곳에서 '제멋대로' 한번 해보자고 제안하고 싶다.

한때 나는 '자유로운 교육'이라는 말을 참 많이도 사용했지만, 뒤돌아보면 그것은 지금의 지역 학교와는 별도로 '이상의 교육'을 추구하는 어른들의 교육에 대한 소원으로 맺어지는 것, 즉 탈脫교육이 아니라 또 하나의 교육에 대한 소원이었다. 그 뒤에 생겨난 것은 자유나 학력을 각각 경쟁하는 사립학교의 증가, 말하자면 학교 상품화의 진행과 학교 격차였다. 즉 아이들의 격차 확대다. 게다가 그다음에는 시장원리주의가 요구하는 격차사회의 완성이 기다리고 있다. 그러한 사회는 아이들을 절대 해방시키지 않을 것이다. 그러니까 보다 자유로운 다른 곳이 아니라 지금 우리가 있는 자리에서 제멋대로 해보자는 이야기다. 차별과 싸워온 여자들도 '제멋대로인 여자'라는 말을 실컷 들으면서도 당당하게 박차고 나와 동지를 만들고 대담함을 키우고 즐거움과 힘을 손에 넣어왔기 때문이다.

그렇다고 대단한 것을 하자는 것은 아니다. 보다 가벼운 마음인 '자기만의 속도'로 학교를 다니면서, 지역의 학교라는 편리한 곳을 잘 이용해나가자는 제안이다. 지금처럼 억압적인 학교라면 아이들은 당연히 피곤해진다. 물론 그러한 학교의 모습을 바꾸는 것이 중요하고, 그것은 학교를 설치하고 운영하는 측에 그 책임이 있겠지만 우리도 마냥 기다릴 수만은 없다. 남에게 의지만 한다고 해결되는 것도 아니므로 할 수 있는 것부터 시작할 수밖에 없다.

누구나 지금 당장 시작할 수 있는 일은 날마다 학교에 가면서도 피곤하면 그때그때 쉬는 것이다. 거기에는 어른들의 도움도 필요하다. 말하자면 너무 피곤해지지 않기 위한 일종의 실력 행사다. '피곤하면 쉬어도 되는구나'라고 당연하게 생각할 수 있게 되고, 그러한 사고방식이 조금이라도 널리 퍼진다면 아이들 마음은 분명 가벼워질 것이다. 그런 것이야말로 부모와 아이들에게 귀중한 지역의 학교, 아이들 눈높이에 맞는 거처인 학교를 유연하게 이용해나가기 위해서 어른들이 당장 시작할 수 있는 아이들에 대한 협력이다.

'아이 제도'의 우리를 열다

그런 휴식을 쉽게 허락하면 아이들을 감당할 수 없다고 걱정하는 어른들이 있을 것이다. 그런데 어른들의 불안이야말로 아이들이 학교를 생각하면서 느끼는 피로를 심각하게 만든다. 부모의 불안은 아이가 겪을 고생의 씨앗이기 때문이다. 누구보다 본인이 자신의 일을 가장 걱정하고, 진지하게 생각한다. 틀림없이 아이들도 그럴 것이다.

다른 장에서 언급했던 초등학교 교사 오카자키 마사루岡崎勝 씨의 글을 또 빌리면, "내가 담임을 맡았던 아이 중에 '피곤하면 쉬는 것'을 '실천'하고 있는 아이가 있었다. 그 아이는 그룹 활동 등 친구들과의 관계에서 지칠 때면 학교를 결석한다. 굉장히 현명하면서 정신적 균형을 잘 잡는 방법이다. 물론 아이의 부모도 그렇게 결석하는 것을 꾀를 부려 쉰다고 생각하지 않는다", 그리고 "급식을 먹고, 체육만 하러 오는 아이가 있어도 괜찮다"고 슬쩍 쓰기도 했다(《학교재발견》, 이와나미서점). 교사 입장에서는 물론 아이들이 매일 와주면 수업도 수월하고 좋을 것이다. 하지만 아이들도 다양한 일이나 사정을 겪으며 열심히 살고 있다. "선생님도 너희들에 맞춰서 해결해나갈 거야. 그러니까 쓰러질 때까지 버틸 필요 없어"라고 오카자키 씨는 너무나 당연한 사실을 담담하게 말한다.

한때 나도 우리 아이들에게 가끔씩 그런 휴식 · 휴가를 '협력'했던 것이 생각난다. 피곤하다고 말하는 아이에게 "오늘은 감기 걸린 것으로 하고 쉬면 어때?"라고. 하지만 가끔 "엄마처럼 생각하면 큰일 난다"며 아이가 오히려 불안해서 다음 날에는 뛰어서 학교에 가기도 했다. 그렇다고 해서 아이가 '학교 신앙'의 신자가 된 것은 아니지만 말이다. 어떤 일이든 간단하거나 단순하지 않다. 왔다 갔다 하면서 길을 넓히고, 여기저기에 곁길을 만들어나가야 한다.

가까운 곳에 공간을

아이들이 지역의 학교를 마음 편히 있을 수 있는 곳으로 생각하게 만들려면, 우선 어른들이 적당하게 학교를 이용하는 것이 좋다. 아이들이 우연히 집에 있을 때 특별히 부모가 아이에게 맞춰줄 필요는 없다. 부모도 바쁘다. 부모와 아이가 의논하면, 동네에 아이들이 넘쳐나지 않도록 집에서 안전하게 지낼 방법 정도는 아이들도 생각해낼 수 있을 것이다. 집은 원래 아이들이 가장 안심할 수 있는 장소가 아닌가!

아직 체력이 달리는 아이에게 가까운 동네는 특히 중요하다. 하루에 몇 번이나 친구들과 마주치고 왔다 갔다 할 수 있는 친숙한 곳, 그곳에서 친구들과 어울려 놀 수 있게 힘껏 도와주는 것 또한 어른들이 아이들에게 해줄 수 있는 친절 중 하나다. 내 어린 시절을 돌아봐도 서로의 집에서 자고 오는 것은 친구와의 관계를 각별하게 만들었다. 이제 와서 생각하니 그런 어른들의 협력은 감사한 일이었다. 학교라는 작은 화분에 갇힌 묘목을 태어난 땅에 다시 옮겨 심는 마음으로, 집과 동네와 학교라는 안심할 수 있는 세 곳의 공간을 아이들에게 돌려주고 싶다.

학교에서 우연히 같은 동네에 살게 된 아이들이 만나고, 능력이나 부모의 재력 상관없이 어울려 놀고, 생활의 체험을 통해서 배우고 생각하고, 위험한 거리에 아이들이 넘쳐나지 않도록 교사가 돌봐주고 생활한다. 부모와 아이가 살아가는 그 자리에서 '아이 제도'의 속박과 싸우면서 조금만 더 제멋대로 말이다.

등교거부 문제는 아직 '아이 제도'의 좁은 우리 속에 갇혀 있다. 부모가 학교권력으로부터 조금씩 자신을 해방시키고, 아이를 옥죄고 있는 '아이 제도'의 의식을 느슨하게 풀고 점차 없애다보면, 그다음에는 집과 이어진 땅에 존재하는 지역의 학교를 우리들의 공간으로 잘 이용할 수 있는 길이 꼭 열릴 것이다.

제2장

아이들이 있는 곳

아이들과 놀이

장난감보다 재미있는 것

세 살 손녀가 주방 싱크대에 붙어 있다. 발판 위에 올라가서 혼자 불안하게 식기를 씻고 있는 것이다. 아까부터 계속 그 조그만 뒷모습이 보인다. 한쪽 손에는 큰 스펀지를 잡고서 밥그릇과 접시 몇 개를 천천히 신중하게 다루면서 싱크대에 덮어 놓는다. 아이의 등에서 그 긴장감이 느껴진다. 시작한 지 벌써 30분이나 지나고 말았다. 지루하지도 않나? 나는 전기난로의 불을 쬐며 책을 보다가 손녀가 발판에서 떨어지지나 않을까 걱정되어 가끔 그 뒷모습을 바라본다.

손녀는 마른 행주로 하나씩 주의 깊게 닦기 시작했다. 그러다가 무심결에 스펀지 대신 그 행주로 숟가락을 씻어버렸다. "할머니, 바꿔서 해버렸어. 행주 주세요!"라고 외친다. 다른 마른 행주를 건네주면서 "잘하는구나. 대단해. 반짝반짝하네!"라고 내가 과장해서 놀라지만 손녀는 거기에 반응하지 않고 새침하게 계속 닦았다. 그래도 얼굴에 나타나는 득의양양한 표정은 숨길 수 없다. 그러다가 "조금 젖어버렸네"라며 가슴께를 신경 쓰면서, 아무래도 피곤한지 작게 한숨을 한 번 쉬고서는 상기된 뺨으로 마당을 가로질러 옆집인 자기 집으로 돌아갔다. 아이는 만족하면 갑자기 놀이를 그만둔다. 시작한 지 그럭저럭 한 시간. 손이 불 정도로 설거지를 했으니 분명 만족했겠다고 생각하니 그 만족감이 느껴져 나도 어느새 웃고 말았다.

아이를 키우는 데 돈이 든다고 하지만

아이들은 뭐든지 잘 갖고 논다. 그것도 손발을 잘 써서 말이다. 흙, 물, 벌레, 돌, 낙엽이나 열매, 근처의 잡동사니 등등. 그중에서도 어른을 따라하는 것을 정말 좋아한다. 뭐든지 어른들처럼 하고 싶은 것이다. 주방에 들어오는 아이에게 날카롭지 않은 버터나이프, 당근이나 오이 꽁지, 그리고 작은 도마와 냄비라도 빌려주면 지루해 하지 않고 요리 놀이에 몰두한다.

그런데 최근에는 그것을 흉내낸 예쁜 장난감을 팔고 있다. 화려한 색색 나무로 만들어진 야채를 나무칼로 잘라 분리시킬 수 있도록 만들어진 멋진 제품이다. 하지만 아이들은 그런 것보다 시든 야채를 자르는 '진짜' 놀이를 더 재밌어 한다. 당연하다. 장난감이란 무엇일까? 아이들에게는 장난감이 필요하다는 세상의 고정관념은 뭔가 잘못된 게 아닐까?

이전에 클로드 레비스트로스라는 인류학자가 남미에 있는 어떤 부족 아이들이 하는 놀이에 대해서 쓴 글을 읽은 적이 있다. 내용은 이렇다. “(이 부족의) 아이들은 놀이를 모른다. 가끔 지푸라기를 감거나 엮으면서 뭔가 만들 때도 있지만, 씨름이나 빙빙 도는 것 외에는 기분전환의 방법을 전혀 모른다. 그래서 어른들의 생활을 따라하며 매일을 보낸다”(《반발달론反撥達論》, 야마시타 쓰네오山下恒男).

세상에 이름이 알려진 이 인류학자는 예전에 ‘미개’, ‘야성’ 등으로 불렸던 민족의 생활을 왠지 얕보는 분위기를 풍긴다. 백인의 ‘내려다보는 시선’이 글에서 배어나온다. 장난감을 가지고 놀거나 게임을 하는 것이 아이들의 놀이라고 생각하는 백인문화의 잣대를 옳은 것으로 보고, 다른 사회 아이들의 생활을 마치 야만적이고 불쌍한 것처럼 바라보고 있다. “아이들은 하루 종일 거의 아무것도 안 한다. 여자아이들은 가끔 언니들과 일을 돕지만, 남자아이들은 한가하고 가끔 강에서 낚시를 한다.”

잠깐만요, 클로드 씨. 그건 아닌 것 같은데요? 아무것도 안 하기는커녕 낚시에 빠진 남자아이들이 당신보다 아마 재미있게 지내고 있을 걸요, 하고 나는 말하고 싶어진다. 이 부분을 저서에서 인용한 야마시타 씨도 레비스트로스에 대해 “그는 유럽인의 말과 눈을 가지고 다른 세계를 종속시키려고 하고 있다”라고 썼다.

하지만 되돌아보면 우리 문화도 어른들의 말과 눈으로 아이를 소비사회에 종속시키려고 하고 있지 않은가? ‘아이들에게 필요한 건 장난감과 학원’이라고 믿어 의심치 않는다면 저 인류학자의 잘못된 억측과 별 차이가 없다. 소꿉놀이는 좋지만, 소꿉놀이 장난감이 등장한 후부터 세상은 왠지 이상해졌다.

그건 그렇고, 일본 정치계에서는 요즘 '양육수당'의 액수를 놓고 이러쿵저러쿵 말이 많다. 그런데 아이들은 정말로 그런 돈을 필요로 할까? '아이를 키우는 데 돈이 든다'라고들 하지만 그것은 입시경쟁에 돈을 쓰게 만드는 교육 시스템과 넘쳐나는 육아용품을 팔아먹으려는 소비사회 탓이 아닐까? 이번에는 그러한 '양육수당'에 대해서 생각해보려고 한다.

부모들의 지갑을 믿다

다음의 정책 제언提言은 2009년 8월 실시된 일본 중의원 선거 때 민주당의 선거공약에 등장했다. "중학교 졸업까지 자녀 1인당 연 31만2000엔의 수당을 지급하겠습니다." 당시 나는 정권교체가 꼭 필요하다고 생각했지만 이 노골적인 현금 배포 방식은 아무리 생각해도 마음에 걸렸다. 선거 표를 노린다는 의도가 뚜렷했고, 아이들을 핑계 삼은 어른 중심의 경기景氣자극 정책이라는 인상을 지울 수 없었기 때문이다. 교육이나 아이들 관련 업계에서는 기뻐하겠지만 가장 중요한 아이들이 잃게 될 것이 크다. 장난감이나 여러 학원이 넘쳐나면 아이들 생활에서 깊이 생각하거나 자발적으로 하는 힘, 그리고 자유는 빼앗기기 때문이다.

양육수당보다도 어린이집이 압도적으로 부족한 것이 문제다. "아이 키우는 데 돈이 많이 드네요"라고 한탄해도 되는 것은 유권자 쪽이지 정치를 맡은 쪽에서 할 말이 아닌 것이다.

한편, 나는 선거공약 중에서 '양육수당' 다음에 적힌 '고등학교 무상화'와 '대학교 장학금 확충' 제언에 대찬성이었다. 왜냐하면 일본만큼 고등교육에 있어서 부모들의 지갑을 믿는 나라는 드물기 때문이다. 또한 일본은 어린이집과 유치원에 대한 공적지출이 매우 낮다. 그런데도 그런 것들에 별 불편함을 느끼지 않는 국민도 참 드물다고 나는 옛날부터 생각해왔다. 일본사회는 이러니저러니 해도 역시 부모가 자식에게 정이 많은, 자식바보 사회다. 국가는 부모의 그런 마음을 노리고 아이들 교육은 부모의 지갑으로 스스로 노력하라고 강요해왔으며, 오랫동안 우리는 거기에 놀아난 것이다.

최근의 국제비교 수치가 궁금해서 2009년 발표된 OECD 자료를 찾아봤다. 그중에 '학교교육비의 GDP대비(2005년)'이라는 항목이 있고 각국의 학교교육비 공적지출과 사비부담이 비교되어 있다. 조사대상 28개국의 공적지출을 보면 최하위가 일본이고 GDP대비 불과 3.4%이다(한국은 2011년 기준 공적지출을 보면 GDP 대비 4.9%로 OECD 평균 5.3%에 근접한 수치이다. 한편 사비부담은 2.8%로 OECD 평균 0.9%보다 3배 이상 높다. 공적지출이 적지는 않지만 자녀교육에 관심이 많다보니 사교육비 지출이 세계 최고 수준이다. - 옮긴이). 1위는 7.2%인 아이슬란드이다. 경제대국 일본이라고 큰소리쳐온 국가였는데, 결국 부모들은 계속 일해서 경제를 뒷받침해왔지만, 의무교육 연령을 제외하면 세금은 아이들에게 전혀 환원되지 않는 것이다. "아이들은 여러분의 사적인 영역입니다"라는 국가의 자세에 어느새 익숙해지고 "사적인 영역이기 때문에 우리 아이만 생각할 수밖에 없다"는 노골적인 자기중심사회가 만들어졌다. 그런 가운데 교육격차와 경쟁사회가 만연하고 있다.

손끝으로 하는 일을 소중히 여기며

1970년대 초 내가 독일에서 생활했을 때, 독일은 이미 대학교 학비가 무료였다. 대학생은 모두 세금의 혜택을 받으며 학교생활을 한다. "일본은 대학교 학비가 비싼데……" 하며 놀라는 나에게 독일인 친구가 이렇게 말했다. "젊은이들이 사회의 힘으로 대학을 나오면 다음은 자기가 사회에 그 힘을 돌려줄 차례라고 생각하겠죠. 그렇게 서로 돌아가면서 사회를 지탱해 나가는 거죠."

그렇다. 그것이 젊은이의 사회성을 키우는 사회일 것이다. 일본에서도 스스로 일하고 장학금을 받으면서 대학을 나오는 젊은이들이 있다. 하지만 대부분 부모의 지원이 있어야 학생으로서의 생활이 가능하기 때문에 감사의 마음이 사회에 대한 책임감으로 이어지기 어렵다. 부모들은 "자녀교육에 돈을 들였다", 아이들은 "부모가 쭉 돈을 내줬다"라는 개인적인 관계에서 멈춘다. 그러한 관계가 때로는 부모가 아이를 자신의 소유처럼 생각하게 만든다. 독일의 젊은이들은 보통 18세가 되면 집을 떠나지만 부모 지갑에 의존하는 일본의 시스템은 부모가 아이들에서 떨어져주고, 아이들이 부모 곁에서 떨어지는 것을 늦춘다. 민주당의 선거공약에 '사회 전체가 아이를 키우는 나라'라는 것이 있지만, 정말 그렇게 생각한다면 보육과 교육을 공적부담으로 꾸려가는 시스템을 본격적으로 만들어줬으면 좋겠다.

아이들에게 진짜 필요한 것은 돈도 교육상품도 아니다. 아이들에게 필요한 것은, 첫째 친구와 여유롭게 지낼 수 있는 장소와 시간, 둘째 돈에 의존하지 않고 가능한 한 필요한 것을 손으로 만들고 생각해내면서 사는 어른들의 일상생활, 즉 장난감보다 매력적인 생활환경이다. 이렇게 말하고 있지만 나 자신부터 되도록이면 손으로 물건을 만들고, 돈에 의존하지 않는 방법을 즐기면서, 아이들도 무심결에 따라하고 싶어지도록 손끝으로 하는 일들을 매일 꾸준히 하고 싶다.

벌레를 죽이다

"왜 벌레를 죽이면 안 되는 거야?"

마당에서 잡초를 뽑고 있자니, 옆집 뜰을 지나 손주들이 들어왔다. 벌레를 무척 좋아하는 다섯 살 사내 녀석과 세 살 아가씨. 둘이서 돌이나 벽돌을 부지런히 뒤집어엎는다. 무당벌레를 모으고 있는 것이다. 벌레들은 서둘러 대굴대굴 조그만 구슬 모양을 만들어 제 몸을 보호한다. "무당벌레랑 쥐며느리는 다른 거야"라며 다섯 살 사내 녀석이 여동생에게 제법 오빠 티를 낸다. 유치원에서 배웠나보다.

세 살 아가씨가 개미 행렬을 밟아 뭉개기 시작했다. "앗, 밟으면 안 되지" 하고 나는 말을 건다. "왜?"라고 묻기에, "글쎄, 불쌍하지 않니? 집에 돌아갈 수 없잖아. 있다가 무당벌레도 돌려보내주자"라고 말했더니, 이내 "알았어" 그런다.

하지만 그때 별안간 나에게는 눈엣가시 같은 거염벌레가 땅속에서 기어 나왔다. "이런, 큰일 났네. 얼른 죽여야겠다!"라고 나는 무심코 외쳤다. 평소 애지중지 키우고 있는 화초나 가지 잎을 삭삭 갉아먹는 것이 바로 요 녀석이기 때문이다. 더는 봐줄 수 없다는 듯이 과감히 밟아 뭉개버린 순간, "그 벌레는 죽여도 괜찮아?"라는 다섯 살 사내 녀석의 해맑은 목소리가 날아든다. "음, 이 벌레는 나쁜 짓을 하니까……"라고 약간 당황하면서 나는 그만 말문이 막혔다.

생물체를 잡고, 키우고, 지켜보다

아이들과 생활하다보면 이렇게 기습적으로 어려운 문제에 맞닥뜨려 당황하는 경우가 있다. "죽으면 어떻게 되는 거야?", "돈은 왜 있는 거야?", "아기는 어떻게 배에서 나와?" 등등. 틀림없이 아이들에게 이런 질문은 "저 사람 누구야?", "이거 먹어도 될까?" 하고 묻는 것처럼 자연스러울 것이다. 하지만 내가 평소 미뤄두고 있던 물음들을 아이들이 이렇게 갑작스레 끄집어내면 나는 당황하며 답을 생각해야 하는 처지가 된다. 그래도 그런 계기라도 없으면 뭔가에 대해 깊게 생각하는 일 없이 그냥 지나쳐버릴 것이기 때문에 아이의 질문은 참 고맙다.

그런데 방금 전 "어째서 그 벌레는 죽여도 괜찮아?"라는 질문은 꽤나 어렵다. "인간에게 해로운 벌레는 죽여도 괜찮아"라고 '인간 지상주의'를 덤덤하게 외쳐서는 안 되겠지만, 현실은 사실 그렇기 때문에 다시 한번 인간의 거만함이라는 불편한 사실을 눈앞에서 확인한다. 나는 아이에게 대답을 해주기는커녕 내 자신이 어떻게 생각하느냐를 시험받는다. 그리고 아이의 그런 질문 덕분에 우리 생활을 다시 한번 깨닫고 발견한다. 아이는 무엇이든 어른에게 배우려고 하지만, 반대로 어른을 이끌고 안내하기도 한다.

나에게 '생명체와 함께 논다'는 것은 그런 어려운 문제 중 하나였다. 우리 아이들을 키울 때 비슷한 경우가 몇 번 있었다. 예를 들면, 강에서 붕어를 잡아온 아이를 위해 수조를 창고에서 찾아 꺼내면서도 한편으로 그 붕어가 불쌍했다. 그러나 아이의 반짝거리는 눈을 보면 그만두라 말하지 못하고, 그 잠깐 사이에 나도 그만 붕어의 아름다운 은빛 비늘에 반해 넋을 잃고 바라보는 것이다. 그런 비슷한 일들이 손주와의 사이에서도 반복되고 있다. 답을 내지 못하더라도 이번에야말로 신중하게 생각해볼 일이다.

아이들은 대부분 생명체를 좋아한다. 방금 말한 손자도 지금 벌레잡기에 정신이 없다. 현관 바닥에 있던 신발을 밀어내고, 무당벌레를 시작으로 개미, 메뚜기, 매미, 장수풍뎅이, 알락하늘소, 사슴벌레를 넣은 크고 작은 황록색 플라스틱 곤충채집통을 줄줄이 세워서 늘어놓고 있다. "오이 좀 주세요", "호랑나비 애벌레한테는 파슬리를 줘야지" 하며 먹이 주기에 여념이 없다. 나도 손자에게 넘어가서는 곤충 보살피는 역할을 자진해서 맡는다. 그러다보면 가끔 아이보다 내가 더 열중해서 채집통을 들여다보고 있을 때도 있다.

그렇지만 대부분의 벌레들은 금세 죽고 만다. "메뚜기가 죽어버렸어"라며 손자는 눈물을 훔치지만, 이내 다음 벌레를 잡아온다. 녀석의 행동은 옛날 인간들의 수렵행동과 비슷하지만 목적이 다르다. 수렵은 인간이 살아가기 위한 기본적인 행위지만 곤충채집이나 사육은 인간의 유희를 위한 것이기 때문이다. 손자가 키우던 벌레가 죽으면 나는 "불쌍해라"하고 무심코 말한다. 그러면서도 손자가 벌레를 가지고 노는 데 함께하며 재미있어 하는 걸 보면, 참으로 모순이다.

그때 내가 토끼를 죽이고 말았다

내가 아이였을 때는 어땠는지 떠올려본다. 시골에서 자랐기 때문에 내게는 동물에 대한 추억이 아주 많다. 그중에서 가장 생생하게 기억나는 것은 초등학생 때쯤 키우던 토끼를 죽이고 말았던 일이다. 내가 맡은 토끼에게 매일 풀을 먹여주어야 한다는 사실은 잘 알고 있었다. 하지만 노는 것에 빠져 풀을 모아서 오는 일이 점점 귀찮아졌다. 며칠인가 풀 가져다주는 일을 게을리 한 다음, 걱정하면서 쭈뼛쭈뼛 보러 갔더니 토끼는 비실거리며 뒷다리로 일어서서 먹이를 기대하고 있었다. 나는 '배가 고프구나' 생각하면서도 뻔뻔하게 '내일 주지, 뭐!' 하고는 그날 또 게으름을 피웠다.

그랬더니 다음 날 보러 갔을 때 토끼는 눈을 감고 움직이지 않았다. 내가 굶겨 죽인 것이다. 부모님이 일로 바빴기 때문인지 혼난 기억은 나지 않는다. 그러나 그때 본 토끼의 모습과 '내가 죽인 거야'라는 자책감은 지금까지도 생생하게 되살아난다. 그 경험 이후로 나는 생명이 있는 모든 것들은 내 것만큼이나 그 목숨이 소중하다고 절실히 생각하게 되었다. 그때 그 토끼는 어린 나에게 생명을 잃었을 때의 슬픔과 후회가 어떤 것인지 가르쳐주었다.

네가 살아야, 나도 살 수 있다

그 시절 우리 집에서 토끼는 애완동물이 아니라 인간의 식량이었다. 집에 손님이 오거나 축하할 일이 생기면 아버지가 토끼나 닭을 요리하셨다. 먹기 위해서 죽일 때는 왠지 잘못하는 짓이라고 생각되지 않는다. 토끼는 먹거리가 되어 아이인 나를 키워준 것뿐만 아니라, 생명에 대한 중요한 감정을 알려주었다. 그건 손자의 경우도 다르지 않다. 곤충 채집에 몰두하는 손자도, 화초 가꾸기를 즐기는 나도 곤충들의 생명과 맞바꿔 그 즐거움을 허락받고 있는 것이다.

인간을 살리고, 즐거움을 주는 생명체에 대해 생각할 때마다 기억나는 시와 글이 있다. 흙과 함께 살아온 고이즈미 히데마사小泉英政 씨의 글이다. 고이즈미 씨는 1970년대 초 일본에서 일어난 나리타공항 건설 반대운동을 계기로 산리즈카三里塚 지역에 들어가 쭉 농사를 짓고 있는 분이다. 나도 예전에 고이즈미 씨 등이 만든 야채 공동구매 단체에 가입했던 적이 있다. 배달되는 야채와 매번 함께 오던 소식지, 책으로 출판된 《농민이야기百姓物語》는 우리 인간들이 매일 먹고 사는 것을 생각하는 데 있어 나의 소중한 기반이 되었다.

예를 들면 고이즈미 씨는 책에서 벌레들의 세계에 대해, '엄청 많은 벌레들이 먹느냐 먹히느냐의 치열한 세계에 살고 있지만 결코 도를 넘지 않는다. 어떤 종이 다른 종을 절멸시키는 일은 없고, 모두 검소하게 공존하며 살고 있다. 덜 먹고 살면 되는 것이다. 개인의 욕심을 채우거나 세계를 지배하려는 야심이 없는 벌레들을 보면서 인간만이 잘난 체한다는 것을 절실히 느꼈다'라고 말했다. 어느 날 고이즈미 씨는 지렁이나 쥐며느리, 개미 등이 우글우글 함께 살고 있는 곳을 본의 아니게 무너뜨려버렸다. 그래도 벌레들은 각각 다시 새로운 거처를 찾아서 살겠지 하며 안심했다. 그런데 다음 날, 그곳에서 개미들이 지렁이를 죽인 것을 발견했다. 전에는 몇 종류의 벌레들이 함께 잘 살아가고 있었는데, 생태계는 참으로 미묘하다고 느꼈다고 한다. 이런 시도 실려 있다.

호랑나비 애벌레가
토란잎을 아삭아삭 베어 먹고 있다
평소라면 떨어트려서
발로 밟을 테지만
요즘에는 신경 쓰지 말자 생각한다
배부르게 먹고 크렴
하늘을 날아다닐 그날을 위해서
인간만 살면 되는 게 아니지
너도 살아야지

> 네가 살아야 나도 살 수 있다
> 맛있게 먹고 아름다워지렴
> 하늘을 날아다닐 그날을 위해서
>
> 《농민이야기》 중에서

이 책은 벌써 20년쯤 전에 출판되어 지금은 절판되었지만, 언제나 손이 닿는 곳에 소중히 보관하고 있다. 초등학생이던 아들을 데리고 그 밭에 농사를 도우러 갔던 기억과 함께 말이다.

앞의 시를 언젠가 손주들에게 넌지시 읽어줘야겠다. 그리고 다섯 살의 손자도, 세 살의 손녀도, 일흔의 나도 모두 똑같이 생물들의 생명 덕분에, 벌레나 흙이나 물이 돌봐준 덕분에 즐거울 수 있다는 것을 깨달았으면 좋겠다. 적어도 도를 넘지 않고, 세계를 무너뜨리지 않겠다는 그 복잡한 마음을 잊지 않고 조금만 즐길게.

아이들과 시간

싹이 나고, 부풀어 오르고

가을 초 뿌린 스위트피의 싹이 자라고 양지 쪽에는 일본수선화의 꽃봉오리가 올라왔다. 10년 전에 며느리 Y가 네덜란드 여행 선물로 가져다준 아마릴리스 뿌리 하나를 심었는데, 시간이 흘러 어느새 네 개로 늘어나더니 여름내 세차게 우거졌던 잎들은 지금 추위를 맞아 시들기 시작했다. 내년 봄에는 몇 개의 꽃눈이 올라올까? 태양과 함께 하루가 끝나고, 곧 한 달이 지나고, 태양과 함께 계절이 바뀐다. 분명 태곳적부터 그랬듯, 같은 속도로.

태어난 지 얼마 안 된 것 같이 느껴지는 셋째 손녀가 매일 아침 옆집에서 불안한 발걸음으로 놀러온다. 얼마 전까지 "이제 잘 걷네"라고 어른들끼리 이야기했는데, 최근에는 "말이 늘었네"라는 화제로 바뀌었다. 시간 속에서 아이들이 날마다 변화해가는 모습을 보는 것은 즐겁다. 하지만 그 변화도 풀과 나무들이 그렇듯 태양이 움직이는 속도에 뿌리를 두고 있다. 그리고 나 또한 만물에게 평등한 시간 속에서 자연스럽게 늙어간다. 모두가 태곳적부터 그랬듯, 같은 속도로.

가벼운 시간, 무거운 시간

풀과 나무와 인간을 비롯하여 모든 것들이 이렇게 시간의 지배 속에 있다. 누구에게나 공평한 시간이지만, 어떻게 보내느냐에 따라 시간은 그 모습을 바꾼다. 많은 일을 빠르게 해버리면 시간은 저절로 가볍고 얕아지고, 적은 일을 천천히 하다보면 시간은 무게 있고 깊이 있는 것이 된다. 시간의 총량은 같기 때문에 당연한 사실이다. 한 잔의 진한 우유에 물을 부어 두 잔으로 늘리면, 많이 마실 수는 있어도 그 맛이 연해진다. 불로 냄비에 보글보글 짓는 것보다 한순간에 전자레인지로 요리하고, 책 한 장씩 넘기면서 알아보고 생각하는 것보다 즉각 읽을 수 있는 인터넷으로 찾아보는 등, 빠르고 편리하고 풍부한 것을 좋아하는 요즘이지만 그런 삶의 방식은 얕고 가벼운 시간을 살아가는 것과 똑같다.

속도와 편리함을 얻었지만, 시간을 들일 때의 보람을 잃어간다. 불로 천천히 익힌 것은 맛이 잘 배어서 전자레인지로 한 요리보다 잘 식지 않고, 상하지도 않는다는 사실을 요리하는 사람이라면 모두 알고 있을 것이다. 시간을 들여 알아보고 생각한 것은 내 생각이 그 바탕이 되었기 때문에 잘 잊어버리지 않는다는 사실 또한 많은 사람이 알고 있을 것이다. 오늘날 우리는 얻은 것에만 온통 신경을 기울이다보니 잃어가는 것은 보지 못하고 있다.

그렇다면 지금, 아이들은 어떤 시간 속에서 지내고 있을까?

아이들의 신체 발달과 시간의 관계는 지금도 옛날도 그다지 변하지 않았다. 태양이 변함없이 돌고 있기 때문이다. 나이가 좀 있는 보육교사 한 분은 "요즘 아이들은 발달이 빨라졌어요"라고 하는데, 그렇다고 해서 걷기 시작하거나 말하기 시작하는 것이 돌쯤이라는 막연한 기준이 바뀐 것은 아니다. 변성기나 어른으로의 신체적인 변화가 시작되는 시기도 거의 10대 전반으로 공통적이다. 전체적으로 아이들이 조금씩 조숙해지는 경향이 있다고 하는 것은 생활환경 변화 때문이다. 다만, 사람의 내면을 생각하면 환경의 질적 변화가 아이에게도 어른에게도 큰 영향을 끼치고 있다.

그림책과의 인연

이 반세기, 우리들을 둘러싼 환경 변화는 격렬하다. 그 변화의 뿌리는 우리가 너무 많은 것을 소유하게 되었다는 데 있다. 더 많은 것을 소유하고 싶다는 물욕이 먼저인지, 물욕을 자극해서 많은 것을 팔고 돈을 벌고 싶다는 기업전략이 먼저인지, 아마도 그 양쪽이 얽히고설켜 물건이 넘쳐나는 지금의 생활이 만들어졌을 것이다. 상품이 범람하는 세계에 태어난 아이들은 적어도 최근 30년, 넘쳐나는 물건과의 얕고 가벼운 관계를 강요받고 있다.

천천히 도는 태양을 거스르는 빠른 속도에 삐걱거리는 피상적인 세계. 그 세계밖에 경험해본 적이 없는 아이들에게는 당연한 모습이겠지만, 그렇다고 그냥 넘어가기에는 너무 마음에 걸린다.

아이들과 책의 관계를 예로 생각해보자. 대형 서점의 아동서적 코너에는 압도당할 만큼 많은 양의 그림책이나 읽을거리가 진열되어 있다. 얼마 전에 조카손주의 생일 선물로 그림책을 사러 나갔다가 다채로운 책의 바다 앞에서 본의 아니게 멈춰 섰을 정도다. 학교 도서실이나 공립도서관, 그리고 개개인의 집에서도 옛날과 비교하면 그림책 수가 엄청 늘어났을 것이다. 아이들 문화의 발전이라는 의미에서는 참 복 받은 시대다. 불과 몇 권의 책을 두고 형제자매가 서로 쟁탈전을 벌였던 내 어린 시절을 생각하면 비교할 수 없을 정도의 풍족함이다. 어린 시절 나는 매일 배달되는 신문을 보고 "좋겠다, 어른들은 매일 새로운 책을 읽을 수 있어서"라며 부러워했을 정도니까 말이다.

우리 아이들이 그림책을 읽기 시작한 것은 1970년대에 접어들면서다. 우수한 그림책이나 아동서적이 잇따라 서점에 진열되고 있었지만, 당시 부모들은 야채나 과일을 사는 것이 우선이었고, 아이들 책도 지금처럼 많지 않았다. 그래서 많은 아이들이 한정된 그림책을 부모가 자주 읽어주거나 스스로 반복해서 읽다보니 내용을 죄다 외우고 말았다. 듣고 보고 또 듣고, 그림책 속 시간이 가득 섞이고 짜여서 곧 자기 세계의 일부가 되어갔다.

그쯤 나는 직장을 다니는 친구에게서 이런 이야기를 들었다. 어느 날, 아이가 열이 나서 자고 있는데 그녀는 몇 시간을 꼭 직장에 다녀와야 했다. 대신 일을 해줄 사람도 없었다. 궁여지책으로 그녀는 아이가 몇 번이나 읽고 죄다 외운 그림책들의 표지 몇 장을 나란히 벽에 붙이고, 빨리 다녀올 거라고 아이를 달래고 나갔다. 아마 아이는 혼자 자는 동안 그 그림들을 바라보고, 그림들 뒤로 들려오는 책 읽어주는 엄마 목소리를 들으면서, 익숙해진 이야기에 위로받고 불안을 가라앉혔을 것이다. '그런 방법이 있구나!' 하며 그림책 표지를 활용한 그녀의 이야기를 나는 인상 깊게 들었다. '혼자 참 잘 기다렸구나', '대견하다'라는 생각에 엄마 없이 잘 견딘 그 아이에게 감동했고, 아파서 자는 아이를 두고 나가야 했던 엄마의 쓰라린 마음도 느껴졌다. 그때의 그림책 중 한 권은 아마도 《수호의 하얀 말》이었던 것으로 기억한다.

투병 생활의 도우미

그림책 암기暗記라고 하면 나에게도 기억에 남는 장면이 있다. 아들이 세 살이었을 때 홍역이 심해져서 입원했던 적이 있다. 앞서 말했던 친구처럼 나도 일을 하고 있어서 오후 늦게야 서둘러 병원에 갔다. 어느 날은 병실에 도착했더니 같은 방 남자아이들이 아들의 침대를 둘러싸고 있었다. 당시 자신이 즐겨 읽던 그림책 《아기돼지 세 마리》를 아들이 '읽어주고' 있는 것이었다. 듣고 있는 아이들 중에는 키 큰 중학생도 섞여 있었다. 병실에서 나이가 가장 어리고, 아직 글자를 읽지 못하는 이 '읽는 이'는 죄다 외워버린 그 이야기를 페이지도 틀리지 않고 넘겨갔다. 간호사는 "매일 이렇게 읽어줘요"라고 웃고 있었지만, 우연히 읽고서 자기도 모르게 전부 외울 정도로 익숙해진 그림책이 본인과 주변 투병 동지들을 도와주고 있었던 것이다. 몇 번이나 셀로판테이프를 붙인《아기돼지 세 마리》는 다음 세대 아이들에게 이어졌고, 지금도 책장에 꽂혀 있지만 요즘의 훌륭한 수많은 그림책 사이에 묻혀 가끔 있을 자기 차례를 기다리고 있다.

'우울증'으로 타협하면서

어른들 세계와 똑같이 아이들 주변에도 다양한 상품이 넘쳐나면서 하나의 물건과 사귀는 시간이 짧아졌다. 암기는 시간이 주는 선물인데, 지금 시대에서는 몇 권 안 되는 그림책을 몇 번씩 천천히 보고, 읽고, 즐기는 대신 얕은 시간을 재빠르게 오가는 스피드가 요구된다. 요즘 아이들은 그 요령을 습득하고 있다. 물론 많은 문화적 산물을 접할 수 있다는 점에서는 복 받은 일이다.

하지만 한편으로는 왠지 모르게 빠져들기도 하고, 지겨울 정도로 품어서 자기 세계로 아로새기는 시간들을 빼앗기고 있다. 최근 어른에게도 아이에게도 '우울증'이라는 이름의 병이 자주 이야기되는데, 그 배경은 새로 만난 것들을 천천히 몸에 새기는 시간을 잃어버린 것과 관계있지 않을까? 나는 사람은 저마다 몸으로 천천히 익힌 것이나 사람으로 지탱하며 생활한다고 느끼기 때문이다. 사람은 '우울증'이나 '은둔형외톨이'라고 불리는 시간 속에서 필요한 토대를 되찾고, 빠른 속도로 지나가는 시대의 시간과 타협하려고 하는 것일지도 모른다. 어떤 젊은이는 그런 날들을 되돌아보면서 "방에 틀어박혔을 때의 시간은 매우 알찼다"고 말한다.

태양이 돌고, 풀과 나무가 자라고, 사람의 몸은 변한다. 멈추는 일 없이, 눈에 보이지 않게 움직이는 그 시간을 어떻게든 느꼈으면 좋겠다. 그리고 아이들이 우연히 만났지만 왠지 모르게 끌려서 자꾸만 익히려고 하는 것들을 소중히 여겨주고 싶다. 그것만이라도 했으면 좋겠다. 설령 아이들이 원하는 게 '좋은 그림책, 훌륭한 읽을거리'로 평가받고, 세상에 알려진 작품과는 거리가 멀다 해도 그건 상관없다.

공기를 읽지 마!

환기시키는 세대

공기에 관한 이야기를 하고 싶다. 공기라고 하면, 그냥 지나칠 수 없는 게 몇 가지 있어서다.

나는 아침에 일어나면 제일 먼저 창문을 열고 환기시킨다. 깨끗한 공기 속에서 하루를 시작하기 위해서다. 내 생활신조에 따른 것이라기보다 그저 어릴 때부터 주변 어른들이 하는 것을 보고 배운, 몸에 익힌 습관 때문이다. 어릴 때 친구들 집에 놀러가서 잤을 때도 아침에 일어나면 친구 엄마가 "자, 자, 창문을 엽시다. 공기가 안 좋잖아요"라고 하셔서, 추운 겨울에도 아이들이 다함께 서둘러서 툇마루 문이나 창문을 열고 깨끗한 공기를 집 안에 불러들여 이불을 개고 청소했다. 당시는 한집에 사는 사람도 많았고, 한방에서 여럿이 함께 뒤섞여 자는 일도 흔했기 때문에 밤사이에 공기가 쉽게 탁해졌고, 숯이나 장작을 이용해 난방을 하는 생활에서는 환기가 특히 중요했던 것이다.

최근에는 방의 탁한 공기를 밖으로 내보내는 대신, 바깥공기를 오염시키는 염치없는 냉난방 방식이 보급되어 아침에 일어나자마자 환기시키는 습관은 사라지고 있는 것 같다. 하지만 우리 집 건너편에 사는 노부부네 창문은 지금도 매일 아침 일찍 활짝 열려 있다. 아아, 옛날 습관이 몸에 밴, 같은 세대구나 하고 친근함을 느끼며 그 풍경을 바라본다.

공기를 사고파는 시대

하긴 무사태평하게 이런 이야기를 할 때가 아니다. 나랑 건너편 집 노부부가 아침에 일어나자마자 환기시키는 옛날 습관을 유지할 수 있는 것은 역에서 멀고 교통이 불편한 언덕 주택지에 살기 때문이다. 역 근처로 내려가면 좁은 길에 북적거리는 자동차들의 배기가스가 가득해서 주민들이 아마 창문을 열어놓을 수 없을 것이다. 공기오염 문제는 심각하다. 공장에서 나오는 연기, 빌딩에서 배출하는 배기가스, 계속 늘어나는 자동차, 제트기……. 시야를 넓혀 세계적으로 본다면 일본을 비롯한 '선진국'의 방대한 에너지 소비로 이산화탄소 등이 지구에 가득해져 지구 전체를 커다란 온실로 만들고 말았다. 그 때문에 자연 기후가 비틀어지고 중대한 피해가 나타나기 시작했다. 지구온난화라고 불리는 현상이다. 원예를 좋아하는 내 경험에서 비춰봤을 때도 벌레들이나 풀, 나무들의 양상이 변화하고 있다. 남방계로 보이는, 본 적도 없는 털벌레가 엄청 많아졌다거나 화초가 피는 시기가 어긋난다거나 하는 게 그 예다. 물론 마당의 이러한 변화는 지구 전체에서 일어나고 있는 심각한 위험에 비한다면 별일 아니겠지만 말이다.

당사자인 '선진국'이 따끔한 맛을 본다면 그건 자업자득일 것이다. 하지만 이런 기후변동의 영향은 특히 지구상의 가난한 지역에서 표면화되고 있다. 아프리카나 남아시아, 그중에서도 남쪽에 위치한 지역에서는 물 부족으로 농업생산이 어려워지고, 기아나 난민이 증가하고 있다. 병으로 고통을 받거나 죽어가는 아이들의 수도 증가하고 있다. 이대로 간다면 향후 2080년까지 이 지역에서 영양실조 환자는 6억 명이 증가하고, 18억 명이 심각한 물 부족에 직면한다. 한편, 남쪽의 여러 섬에서는 수위 상승으로 3억 3천만 명이 난민화되고, 공중위생의 악화로 최악의 경우 4억 명이 말라리아에 감염된다고 신문은 보도하고 있다(〈도쿄신문〉, 2007년 11월 28일자).

물론 이렇게 큰 문제가 지금까지 정치적으로 아예 방치되었던 것은 아니다. 잘 알려졌듯이 1997년 교토에서 지구온난화 방지를 위한 국제회의가 열렸다. 그 회의에서 지구온난화를 진행시키는 온실가스의 배출량을 선진국들이 2012년까지 5% 삭감하게끔 의무화했다. 그런데 그 목표의 달성이 어려울 경우, 관계국들 간에 가스배출량을 매매할 수 있는 약속이 의정서에 담겼다. 거기서 목표를 달성할 수 없는 일본은 더러워진 공기를 배출할 수 있는 권리(배출권)을 헝가리 정부에게서 사들인다는 보도도 있었다. 이른바 공기에 관한 매매거래이다. 돈을 가진 자본의 횡포와 염치없음이 우리들 생명의 근원인 공기에까지 미치고 있는 것이다.

이런 약육강식이 행해지는 어른들 사회의 염치없는 공기를 아이들이 감지하지 않을 리 없다. '강한 자가 이긴다'는 이런 풍조가 젊은 세대에게 틀림없이 큰 영향을 끼쳤을 것이다.

위험한 유행어 "공기를 읽어라!"

'어른들 사회의 공기' 이야기를 하고 있자니, 공기라는 말과 관련해서 하나 더 마음에 걸리는 게 있다. 최근 아이들이나 젊은이 세계에서 유행하는 "공기를 읽어라!"라는 표현이다.

일본어의 공기라는 말에는 대기大氣말고도 다른 의미가 있다. '분위기'나 '눈치'라는 의미다. "직장 공기가 좋으니 일하기 편하다"라든가 "이상하다고 생각했지만 도저히 반대할 수 있는 공기가 아니었다" 같은 사용법이 그 예다. 그래서 "공기를 읽어라!"라는 사용법 자체가 전혀 이상할 게 없고, 나 또한 평소 젊은이들이 쓰는 말을 흠잡고 싶지 않다. 하지만 "공기를 읽어라!"라는 말과 거기에 따라오는 불쾌한 '공기'는 지금 우리가 간과해서는 안 될 문제를 안고 있는 것처럼 느껴진다. 이 말은 '다수파의 공기에 자발적으로 따르라'는 음습한 압력을 넌지시 가하고 있다고 생각되기 때문이다. 그래서 이런 말이 유행하는 시대는 정말로 위험하다.

"공기를 읽어라!"를 나름대로 번역해보면 이렇다. "힘을 가진 자가 생각하는 것, 하려고 하는 것을 너는 모르겠니? 말하지 않아도 스스로 알아채고 모두에게 맞춰라!" 이 표현이 가장 어울리는 장면은 말할 것도 없이 '왕따'이다. "쟤, 빼자"라고 확실히 이야기하는 사람이 없어도 이심전심, 어른들에게 결코 들키지 않게 왕따는 진행된다. 거기에 동조하지 못하는 사람에게 바로 이 말 "공기를 읽어라!"가 던져지는 것이다.

전시戰時가 바로 그랬다. 가족이나 자신이 전쟁에서 죽는 걸 진심으로 바라는 사람은 없었다. 하지만 사람들이 전쟁을 반대할 수 없었던 것은 그들을 압도적으로 지배했던 '공기' 때문이었다. 그 공기가 모두의 입을 막았다.

젊은 병사들은 스스로 특공대를 지원해서 죽음으로 나아갔다고 전해지지만 그럴 리가 없다. 출격 전날 밤 그들의 모습은 이렇게 묘사되어 있다. "이별의 술잔치 자리. 어떤 사람은 화가 나서 소리치고, 어떤 사람은 울부짖는다. 오늘밤이 마지막인 목숨……. 흐트러진 테이블에 엎드린 사람, 유서를 쓰는 사람, 팔짱을 끼고 명상하는 사람, 엉망진창이 된 자리를 떠나는 사람, 미친 듯 춤추며 화병을 깨뜨리는 사람. 출격 전에 어떻게도 할 수 없는 이 처참한 학도병들의 심경은 너무나도 알려져 있지 않습니다……"(오누키 에미코大貫恵美子 저, 《왜곡된 벚꽃ねじ曲げられた桜》, 이와나미쇼텐).

"공기를 읽어라!"라는 말의 유행은 강자, 권력을 가진 자의 의향에 맞추어 수동적으로 종속하는 풍조를 다시 한번 보여주고 있다. 그것은 다름 아닌 파시즘의 공기다. 늘 주변에 신경 쓰고 공기를 엿보면서 거기에 자신을 맞춘다. 그런 행동을 하지 않는 사람, 못하는 사람에게 쏟아지는 "공기를 읽어라!"라는 비굴한 말. 말하는 쪽도 따르는 쪽도 참으로 한심하다. "이제 그런 유행어는 만들어내지 말아요, 우리!" 하고 큰소리로 말하고 싶을 뿐이다.

헤아린다는 것

" '공기를 읽어라'라는 말은 물론 이상해요. 하지만 '헤아리다'는 괜찮지 않나요?"라는 의견도 있다. 물론 '헤아리다'라는 표현은 좋은 말이다. 조그만 아이들도 친구가 울고 있으면 곁에서 걱정스러운 얼굴로 가만히 보고 있고, 엄마가 아파서 누워 있으면 머리를 쓰다듬으면서 걱정한다. 상대가 힘들어 한다는 걸 헤아려서 그렇게 행동하는 것이다. 이런 '헤아리다'와 여기서 말하는 '공기를 읽다'는 어떻게 다를까? 분명 곰곰이 생각해보고 싶은 문제다.

어딘가에서 이런 센류川柳(에도 시대에 만들어진 5·7·5의 3구 17음으로 된 짧은 시로, 재치 있고 유머러스하며 풍자나 익살을 그 특색으로 한다. 창시자 가라이 센류柄井川柳의 이름에서 유래했으며, 오늘날에는 세태를 풍자하는 대중문학으로 소수 애호가들에 의해 명맥을 유지하고 있다. – 옮긴이)를 본 적이 있다. "공기를 읽으라고 말하기 전에, 부하의 마음부터 읽어라." 아마도 '샐러리맨 센류'라는 코너였을 것이다. 여기서 상사가 부하의 기분을 살피라는 것이 왜 풍자를 담은 센류가 되냐고 한다면, 공기를 읽어야 하는 것은 힘이 약한 쪽, 입장이 약한 쪽으로 그 대상이 정해져 있기 때문이다. 즉, 이 공기라는 것은 다수파와 강자의 공기이다. 부하만 상사의 의향을 살피고 눈치껏 따라야 한다고 강요받는다. '그건 너무 일방적이지 않은가? 상사야말로 이쪽의 공기를 읽지 못하고 있다!' 이 센류를 만든 사람은 꼭 그런 기분이었을 것이다.

앞에 소개한 센류는 '공기를 읽는다'라는 말의 본질을 날카롭게 찌르고 있다. 읽는다고는 하지만 그것은 상호관계가 아니라 아래서부터 위로, 소수로부터 다수로의 일방적인 종속인 것이다. 공기를 읽으라는 것은 현재 세상을 뒤덮고 있는 '왕따'의 기운, 그리고 약육강식의 횡포를 인정하는 사상과 하나로 연결되어 있다. 그 전제는 수직관계일뿐, 수평관계와는 연관이 없다. 그래서 앞의 구절이 풍자를 취지로 하는 센류로 성립하는 것이다.

한편, 서로라는 수평관계 또는 대등한 마음이 존재할 때, 거기에 어울리는 것은 역시 '헤아리다'라는 말이다. 상사가 "저 녀석의 마음도 헤아려줘야지"라고 부하를 아낄 때는 거기에 사람으로서의 대등성이 섞인다. 교사가 학생의, 부모가 아이의, 연장자가 젊은이의 마음을 헤아려서 격려할 때 거기에는 '나도 어릴 때 그랬다'라는 일종의 동지의식이 잠재한다. 불행한 일을 겪은 사람을 위로할 때 "헤아려 짐작합니다お察しします"라는 말은 상대방과 나란한 위치에 서서 위로하는 관계의 표현이다. 우리는 지진 피해를 입은 이재민들에 대해서 "이재민의 공기를 읽는다"라고 하지 않고, "이재민의 심정을 헤아린다"라고 말한다.

'공기를 읽어라!'에는 어딘가 삐뚤어지고 심술궂은 냄새가 나지만, '헤아리다'에는 조심스러운 상냥함이 감돈다. 물론 소매치기 같은 나쁜 짓을 하는 경우에도 상대방의 모습을 살피고 '헤아리는' 행위가 결정적인 역할을 하기 때문에 '헤아리다'에는 다양한 경우가 존재한다는 것을 알고 있지만 말이다.

헤아리는 문화, 이해하는 문화

그런데 이 '헤아리다'라는 말은 도무지 서양의 언어로 잘 번역할 수가 없다. 예전에 독일에 살았을 때 그걸 느꼈다. 무리해서 번역하면 '이해하다'라는 뉘앙스가 된다. 서양사회는 '똑바로 말로 설명하는 것'에 가치를 두는 문화이기 때문에 말을 통해서 서로 이해하는 것이 관계의 방식이다. 또한 그것에 능숙하다. 한편 말하지 않고 마음을 읽는 '헤아리다'라는 관습에는 익숙하지 않다. 예를 들어 좁은 통로에 서서 이야기하는 사람들 옆을 어떤 사람이 지나가려 한다고 치자. 일본이라면 서서 이야기하는 사람들이 그 낌새를 '헤아려서' 무의식적으로 몸을 움직여 길을 비켜주고, 지나가는 사람도 당연하다는 듯 침묵하며 또는 고개를 숙이는 정도로 표현하며 지나가버린다. 그런데 독일에서는 "실례해요" 등의 말을 걸고, 그 말을 들은 사람은 그때 처음으로 알아채고 "그러세요"라고 응하며 길을 비켜준다. 그러면 "고마워요"라고 말하며 지나가는 것이 자연스러운 풍경이다. 이심전심, 무언 속에서 상대방의 기색을 헤아려서 움직이는 풍습은 일본사회에서는 당연하지만, 서양사회에서는 별로 기분 좋지 않다고 느낄지도 모른다. 뭐라고 해도 서양은 말에 무게를 두는 문화를 가졌기 때문이다.

나는 서로의 생각을 말로 확실히 전하는 것도 속 시원해서 좋아하지만, 무언으로 헤아리는 힘 또한 가치 있는 것이라고 느끼고, 그 세련된 방식을 소중하게 생각한다. 다만, '헤아리다'는 자칫하면 '영합'이나 '비굴함'으로 변질되기 쉽다. 변질되고 타락해버린 뒤에 생겨난 말, 그것이 바로 지금 유행하는 '공기를 읽어라!'라는 말이 아닐까?

'공기를 읽어라'라는 말이 생겨난 배경 하나가 더 떠오른다. 그것은 최근에 자기 생각을 말로 똑바로 이야기하지 않는 사람이 늘어난 것과 관계있는 게 아닐까? 요즘 사람들은 자기 의견이나 생각을 말하는 것에 겁을 내는 것 같다. 솔직하게 생각을 전하는 데 너무나 주저하는 것이다. 이렇듯 세상 사람들이 마치 '겁쟁이'라는 병에 걸린 것 같다고 느끼기 시작한 지 벌써 10년도 넘었다. 평가만으로 뒤덮인 사회가 가져온 병일 것이다.

또 하나의 변화는 상대방의 말을 들었을 때, "정말 그래요"라는 수긍이나 "진짜 그런가요?"라는 의문, 즉 자신의 의견이 담긴 대답이 줄고 "아, 그렇군요"라는 중립적인 대답이 널리 퍼진 것이다. '잘 듣는 사람'이 늘어났다고 할 수도 있지만, 태도를 밝히지 않고 자기를 안전한 영역에 두려는 신중한 태도가 퍼지고 있다고도 할 수 있다. "이쪽에서 의견을 말하지 않아도 그쪽에서 공기를 읽어주세요"라고 상대방에게 떠맡기고 책임을 회피한다. 만약 이러한 경향과 "공기를 읽어라!"라는 말이 밀접한 관련을 맺고 있다면 더더욱 유감이다. 사람의 솔직한 관계가 죽고 말았다는 것이기 때문이다. 아이들이 이런 침체된 '공기'를 마시고 자라서는 안 된다.

환기를 시키면서 천천히

"그렇게 이야기해도 역시 사람과 사람의 관계는 어렵다"라고 젊은이들은 이야기할 것이다. 물론 그 기분은 잘 안다. 나이가 들어도 역시 어렵기 때문이다. 인간관계의 실마리를 찾다보니 상대방에게 책임을 떠넘기는 "공기를 읽어라"가 젊은이들 세대의 매뉴얼 중 하나가 된 것일지도 모르겠다. 하지만 사람 사이의 관계란 바로 살아 있는 것이고 매뉴얼화할 수 없다. 시간 속에서 경험을 거듭하며 "그런 거구나" 하고 납득해나갈 수밖에 없다. 그래서 필연적으로 숙련이 필요하고, 젊었을 때는 특히 인간관계에 대한 방법을 고민하고 헤매는 것이 당연하다.

나는 젊었을 때 늘, '아직 인간관계를 잘 맺지 못하는 건 당연하다. 나보다 나이 많은 사람들의 방식을 좋든 나쁘든 보고 배우면 된다'라고 태평하게 생각했다. 아마 당시 세상에는 젊은이를 봐주는 너그러움이 있었던 것 같다. 그래서 산더미 같은 실패를 반복하면서도 나이 많은 사람들이 이야기하는 것을 가만히 듣고, "그렇구나, 저렇게 말하는 거구나" 하고 배웠다. 지금과 다른 것이라면 당시는 연장자에게 보고, 배우고, 듣고, 알게 되는 기회가 주변에 많이 있었다는 것과 "아직 젊으니까 못해도 괜찮아" 하고 나 자신도 다른 사람들도 모두 용서해줬다는 것이다. 그래서 미래에 대한 희망이 있었다. 어른이 되어 가는 기대감도 있었다. 하지만 지금은 그런 자연스러움을 잃어버리고 있고, 젊은이들이 '지금 할 수 있어야 한다'라고 굳게 생각하게끔 만들고 있다. 이렇게 말하고 있는 나 또한 때로는 그 급한 흐름에 가담하고 말 때가 있다는 걸 반성한다.

그렇지만 초조해할 필요는 없다. 보고 들으면서 배우고, 천천히 나이 들면 된다. 모르면 신뢰할 수 있는 누군가에게 물어보면 된다. 젊은이들이 희망을 갖고 대등한 관계를 늘려갈 수 있는 그런 세상을 지향하는 것이야말로 지금 우리들 연장자 세대의 최대 책임이다. 우선 창문을 활짝 열고 가슴 가득 새 공기를 들이마시며 천천히 환기를 시작했으면 좋겠다.

'공기를 읽어라'와 왕따

"공기를 읽어라!"라는 유행어 이야기로 다시 돌아가려고 한다.

이 유행어는 왕따의 냄새를 풍긴다. "재는 공기를 읽을 줄 모르는 아이야"라는 말은 왕따를 만들 때 사용하는 대사임에 틀림없다. 누가 이야기하지 않아도 스스로 다수파의 말과 행동에 따를 것을 암묵적으로 요구하는, 그야말로 음습한 공기다. 유감스럽게도 사람들 모두가 겁쟁이가 되어버렸고 솔직함을 잃어버린 이 사회에는 계속해서 따돌림의 뿌리가 깊이 뻗어나가고 있다.

만화가 이시자카 게이石坂啓 씨는 '왕따'와 관련해서 《주간 금요일》 칼럼에 이렇게 썼다. "왕따는 전국의 아이들 모두가 아는,

모두에게 유행하는 '놀이'다. 그들은 재미있으니까 '놀고' 있는 것이다. 규칙은 하나뿐, '어른들에게 들키지 않도록 할 것'이다. 그런 저질스럽고, 잔혹한 썩은 놀이가 재미있다고 느껴질 정도로 그들의 일상은 아마도 재미없는 것이다. (중략) 그런 저질스러운 짓을 하지 마라! 촌스러운 짓은 그만해라! 더 멋지고 대단한 일도 많다! 하찮은 일로 시간 낭비하지 마라! 스케일이 작다! 더 큰 세계를, 큰 로망을, 큰 꿈을 너희에게 보여주마! 어른들에게 만약 그렇게 말할 힘이 남아 있다면, 바로 그 자리에서 우선 하나의 '놀이'가 끝난다(2008년 11월 23일자)."

참 믿음직하고 힘찬 아줌마의 일갈이다! 지금 무엇보다 필요한 것이 바로 어른의 이런 박력이다. 그런데 이시자카 씨가 말하는 큰 세계, 큰 로망, 큰 꿈, 그것은 무엇일까? 생기 없는 이 시대에 그런 건 어디에도 남아 있지 않다는 목소리가 들린다.

하지만 현재를 살아가는 누구도 피할 수 없는 중요한 과제들이 있다. 무너지려고 하는 지구를 둘러싼 문제에 눈 감지 않는 것, 공기와 물과 땅을 독점하고서 인간을 포함한 생명체를 위협하는 자본의 횡포에 저항하는 것이 바로 그 과제들이다. 지구를 망가뜨리지 않겠다는 의지, 그것을 실현하려고 힘을 모으는 것이야말로 큰 세계, 큰 로망, 큰 꿈이다.

힘찬 이시자카 아줌마를 따라 나도 외쳐본다.

"공기를 읽지 마라! 괴로운 공기는 바꾸는 것! 원하는 공기는 만드는 것!"

아이들의 자리를 생각하다

지붕 위의 소년

따뜻한 햇살을 받으며 뒷마당의 빨래 건조대 쪽으로 나가보니 사선으로 느슨하게 내뻗은 낮은 지붕 위에 작은 사람의 모습이 보인다. 옆집에 사는 초등학생 손자가 양지에 누워서 기분 좋게 바람을 맞으며 만화책을 보고 있다. 어린 여동생들의 방해를 받지 않고 부모가 심부름 시킬 일도 없이 조용한, 더할 나위 없는 독서 공간이다. 좋은 곳을 잘도 찾아냈다고 감탄하면서 잠시 눈으로 미소를 보낸다.

고양이와 아이들은 좋은 거처를 찾아내는 데 참으로 달인이라고 생각하면서, 어린 시절에 정말 좋아했던 책《작은 소몰이 小さい牛追い》에 나오는 형제가 떠올랐다. 형 '오라'가 늘 지붕 위에 누워 흘러가는 구름을 보고 있는 아이였기 때문이다. 동생 '에이나루'는 잠시도 가만있지 않는 응석꾸러기로 동물들을 쫓아다니면서 자기 거처인 초원을 뛰어다니는 데 반해, 오라는

공상이 펼쳐지는 지붕 위가 마음에 든다. 자기가 혹은 자기들끼리 찾아낸 거처는 아이들에게 보물 중 하나이다.

활기가 솟아나는 비밀기지

아이들이 그런 거처를 찾아낼 수 있는 것은 주변에 '아무것에도 사용되지 않는 쓸데없는 공간'이 있을 때로 한정된다. 어른들 생활의 느슨한 부분이라고 할 수 있는 곳, 어른들의 사용목적이 제대로 정해져 있지 않은 곳, 그리고 '여기가 아이들의 방'이라고 부여된 장소가 아닌 곳, 말하자면 관리의 틈새이다. 그런 곳을 예리한 후각으로 찾아내어 아이들은 혼자만의 알찬 시간을 보내거나 친구들과 함께 가슴 설레며 자기들끼리의 '비밀기지'를 만들곤 한다. 평소 어른들에게는 보여주지 않을 것 같은 통통 튀는 표정과 웃음소리로 말이다.

우리 집 앞은 20년 전쯤까지 풀이 우거진 공터였다. 어느 날, 초등학생 남자아이들 대여섯이 각자 집에서 삽이나 널조각 등을 손에 들고 모여서 구멍을 파고 막대기를 세워 은둔처를 만들기 시작했다. 아이들은 내가 글을 쓰면서 창문 너머로 즐겁게 바라보고 있는 것을 눈치채지 못했다. 매일 방과 후가 되면 다들 힘차게 뛰어왔다. 비밀기지가 점점 완성되어갔다. 어린 동생이 따라오거나, 장난감이나 만화를 가지고 모이면서 그곳에서 활기가 솟아난다. 나는 매일 그 풍경을 즐겁게 구경했다. 그때 아이들은 거처를 만들 수 있는 공터와 방과 후 실컷 놀아버릴 시간, 모두를 가지고 있었던 것이다. 지금 그 공터는

콘크리트로 포장된 주차장이 되고 말았고, 방과 후 아이들은 학원으로 뛰어간다. 그래도 작은 희망이라면, 아이들이 상황에 지지 않고 가끔은 자동차 사이사이를 뛰어다니며 놀고 있다는 것이다.

관리되지 않는 공간, 즉 누가 주인인지 모르는 쓸데없는 공간은 산소로 가득하다. 반대로 낭비 없이 정리된 사회는 숨 막힌다.

1970년대 초 독일에서 생활했을 때 나는 그것을 경험했다. 당시 일본은 아직 관리망의 그물코가 허술해서 세상의 공기가 느긋했지만, 독일은 이미 제대로 정돈된 관리사회가 완성되어 있었기 때문이다. '아이들의 장소(kinder platz)'라는 이름의 제대로 정비된 놀이터가 여기저기에 조성되어 있었는데, 거기에서는 깐깐하게 보이는 나이 지긋한 관리자가 종종 도가 지나칠 정도로 아이들을 감독하고 있었다. 그래서 어린 우리 아이들은 정돈된 그 놀이터보다 도로에서 마음대로 놀고 싶어 했다. 일본에서는 가끔 지나가는 자동차를 조심해가면서 그렇게 놀았기 때문이다. 독일에서는 엄청나게 예의에 어긋나는 일이었겠지만, 나는 그래도 되는 거 아니냐며 일부러 내버려두었다. 아름답게 정리된 동네에서 마음대로 놀 수 있는 공터란 어디에도 없기 때문이다.

우리 집 위층에 사는 아주머니는 시립병원 정형외과에서 일하는 간호사였는데, 우리 아이들이 롤러스케이트를 함께 타고서 놀고 있는 도로에 가끔씩 나올 때마다 "내가 다니는 정형

외과에서 아이들을 만나고 싶지는 않은데"라고 말하면서 친절한 미소로 그 모습을 지켜보았다. 아마 내심 '일본인들은 참 예의범절을 제대로 가르치지 않는다'라고 생각했을 텐데도 호의적으로 대해준 것이 정말 고마웠다.

독일의 전철을 밟아 현재 일본사회도 어느새 틈새 없는 관리사회가 됐다. 모두들 그것이 바람직한 사회라고 여기고 있는 것 같은데, 큰 착각이다.

사실 아이들은 산소결핍사회 속에서 자기들이 '있을 곳'을 찾아내지 못해 힘들어 하고 있다.

등교거부와 '거처'

관리사회의 예로는 학교가 있다. 아이들은 관리에서 빠져나가는 데 선수이지만, 그래도 지쳐서 나가떨어지는 아이들이 끊이지 않고 나온다. 그 아이들은 '등교거부'라는 부정적인 이미지가 따르는 말로 불린다. 적어도 '쉬는 중'이라고 하면 좋을 텐데 말이다. 쉬는 아이들에게는 각자의 사정이 있을 거라고 생각되지만, 마음의 병이라든가 편중된 성격 등 원인을 거창하게 해석해버리는 경우도 많다. 하지만 아이들의 실상과는 어긋나 있다. 다음은 어떤 초등학생의 이야기다. 아이는 너무 지쳐서 학교에 갈 수 없었고, 잠깐 쉬고 있던 어느 날 텔레비전에서 등교거부에 대한 프로그램을 봤다. '그렇구나, 요즘 등교를 거부하는 이상한 아이들이 있나보네?'라고 생각하면서 보다보니 '어? 이게 내 이야기인가?' 하고 놀랐다는 것이다. 이렇듯 등교거부에 대한 편견은 아이들 속에도 깊숙이 스며들었다.

이런 부정적 이미지 때문에 학교를 쉬고 있는 아이들은 고통을 받는다. 우선, 부모가 이런 편견에 강하게 얽매여서 힘들어 하고 고민한다. 고민하는 부모를 보고 아이들은 '나는 부모님을 슬프게 하는 나쁜 아이구나. 부모님은 내가 싫겠다'라며 자책한다. 이러한 죄책감 때문에 아이는 더 힘들어지고, 더더욱 학교에 갈 수 없는 상태가 된다. 물론 모두의 사정이 똑같지 않다는 것은 알고 있다. 하지만 세상을 온통 둘러싼 강한 편견이 '어쩔 수 없는 휴식'을 뒤틀리게 만들고, 아이들을 궁지로 몰아넣는 일이 적지 않을 거라고 나는 생각한다.

일본사회에서는 특히 1990년대에 들어서 학교에 가지 않는, 가지 못하는 아이들이 크게 늘어났다. 문부과학성의 발표에 따르면 연간 30일 이상 결석한 초등·중학생은 최근 5년 동안에만 12만 명 전후의 추이를 보인다. 하지만 학교에 가지 않으면 친구를 만나지 못한다. 부모도 고립된다. 그래서 전국 여러 지역에서 부모들이 만들기 시작한 것이 '거처居場所'라고 불리는 곳이다. 이런 공간은 1980년대 중반부터 계속 증가해서 '거처' 외에도 프리스페이스, 프리스쿨 등 다양한 이름과 특징을 갖추고 있으며, 지금 전국에서 그 숫자는 수백에 달한다. 여기에서 자유롭게 지내면서 배우는 건강한 아이들을 보면 학교가 관리하는 공간이 얼마나 아이들의 생명력을 빼앗아온 것인지 새삼 느낀다.

아이들이 있을 곳인 학교로

계속 늘어나는 '민간 거처'에 자극 받아 위기감을 느낀 것인지, 문부과학성은 2004년부터 '아이들의 거처 만들기 새 계획'이라는 이름의 시책을 구성하여 예산을 쓰기 시작했다. 전국 일정 규모의 학교 등에 아이들의 거처를 설치하여 방과 후나 주말에 체험활동 지도를 한다. 예를 들어 나가사키長崎현의 경우 2009년에 70개 이상의 사업이 시구읍면市區町村에서 전개되어, 해당 지역 어른들의 협력으로 각지에서 스포츠나 문화 활동이 이루어지고 있다.

지역 어른들의 선의善意 그 자체는 귀중한 것임에 틀림없다. 하지만 이 사업은 '거처'라는 편안해 보이는 이름만 빌려온, 학교의 연장으로밖에 보이지 않는다. 방과 후나 주말은 아이들이 자유롭게 즐기고 쉬는 시간일 텐데 말이다.

1990년대 초에 가와사키川崎시에 '집합소たまりば'라는 거처를 연 니시노 히로유키西野博之 씨는 예전에 이런 이야기를 했다. "나는 처음에 학교를 다니지 않는 아이들의 이야기를 들어준다거나 같이 놀아준다거나, 뭔가를 꼭 해줘야겠다고 생각했다. 그런데 아이들은 처음 와서는 천장과 지붕 사이 빈 공간인 더그매에 올라가더니 뭔가를 하기 시작했다. 뭘 하는 걸까 생각했는데, 2주 정도 지나서 아이들이 그곳에 초대해줬다. 그리고 '여기가 우리 자리예요'라고 말했다〈등교거부신문 제27호〉." 그 후 니시노 씨는 '학교 밖에서까지 학교는 필요 없다'라는 생각으로 정해진 프로그램이 없는 거처를 만들어왔다고 한다.

지금 아이들의 생활은 학교 교과 프로그램으로 뒤덮여 있고, 거처와 같은 장소를 잃어버렸다. 더군다나 국가가 학교 밖에다가 학교와 다름없는 거처를 만든다는 것은 그야말로 본말이 전도된 것이다. 학교 밖이 아니라 학교 안을 서서히 아이들이 있을 곳으로 만들겠다는 중요한 발상을 길렀으면 한다. 어른들은 거기에 지혜를 더했으면 좋겠다. 학교는 지역에 살고 있는 아이들이 함께 어울려 지낼 수 있는 소중한 곳이기 때문이다. 학교는 공공의 비용으로 만들고 운영하는 모두의 거처이다. 물론 그런 학교를 만들기 위해서는 시간이 걸릴지도 모른다. 그러니까 아이들은 일단 지금은, 매일 반복되는 학교 관리에서 빠져나갈 수 있는 기지와 힘을 잃지 않았으면 좋겠다.

독일에서 만난 세 가지 말

여권의 찍힌 도장은 늘지 않지만

오랜만에 여행한 독일에서 들었던 몇 가지 말을 계기로 생각난 것들을 적으려고 한다. 여행일정에 이곳저곳을 넣은 덕분에 내가 1970년대 초쯤 독일에 살 때 만난 친구들과도 반가운 재회를 했다. 친구들은 "독일, 많이 변했어?"라고 질문한다. 변했다고 느껴지는 부분도 있고 변하지 않은 부분도 있다.

특히 변화 중에서 가장 인상적이었던 것은 유럽연합(EU)의 착실한 발전이다. 2002년에 가입국 공통의 유로로 통화가 바뀌었고 그것이 독일 내에서 정착했다는 것이 여행자에게는 무엇보다 크게 느껴진다. 대국 미국을 의식하면서 유럽이 하나의 국가연합체를 형성하여 경제적, 정치적으로 기반을 공유하였고, 세계 속에서 안정된 지위를 굳혀왔다. 패권주의라고 한다면 할 말이 없지만, 새로운 역사를 만들고 있는 사람들의 자신감이 피부로 느껴진다. 공항 출입국 관리 창구는 '시민'과 '외국인' 두 가지로 나뉘어 있어서 유럽연합 가입국 사람들은 출입국 도장 없이 빨리빨리 지나간다. 말이나 피부색이 달라도 같은 시민인 것이다. 물론 여행을 좋아하는 내 독일인 친구는 농담으로 "유럽 지역을 아무리 여행해도 여권에 찍힌 도장이 전혀 늘지 않으니까 그건 좀 재미가 없네"라며 웃었다. 하지만 한편으로 일본이 '동아시아 시민'의 일원이 될 사회는 실현 가능할까 스스로에게 물어보면, 그것은 너무나 먼 꿈같은 이야기로 느껴져서 일본과 유럽의 '정치력' 차이를 통감한다.

'어서요', '감사합니다', '좋은 하루!'

"독일, 많이 변했어?"라는 친구들의 질문으로 돌아가면, 독일에 대해 늘 변함없는 인상을 받는 것은 바로 잘 모르는 사이에서도 편하게 인사하는 풍경이다. 엘리베이터에서, 가게에 들어갈 때와 나갈 때, 물건이나 잔돈을 주고받을 때, 카페에서 대화할 때, 열차에서 같이 타게 된 사람들끼리도 편하게 인사한다. 사람들이 만나는 곳이라면 어디든 "안녕하세요?", "잠깐만 실례해요", "어서요", "고마워요", "괜찮아요" 등 자연스럽게 서로 말을 건다. 말이 아니더라도 눈이 마주치면 잠깐 미소를 짓는다. 나이를 떠나 그런 전통이 몸에 스며들어 있는 것 같다. 거기서 인사를 하지 않고 침묵하고 있으면 왠지 모르게 섬뜩한 위화감을 만들고 말 것 같다. 사람들이 만나면 작은 관계라도 맺는 방식이 사회 분위기처럼 되어 있기 때문에 아이들도 그것을 자연스럽게 배운다. 내가 묵고 있던 호텔로 엄마와 함께 온 여섯 살 여자아이는 "잘 주무셨어요?"라고 조금 조숙한 느낌으로 평소 어른들에게서 듣던 인사말을 건넸다.

일상의 인사문화 같은 것은 귀찮다고 한다면 그럴지도 모른다. 하지만 나는 새삼 인사는 사람 사는 곳의 기본이구나 생각한다. 왜냐하면 최근 일본사회에서는 '관계를 만들자'라든가 '커뮤니케이션 능력을 키우자' 하는 것들이 학교에서 배우는 과제가 되어 있다. 어느새 우리가 너무 '관계맺기를 잘 못하게' 되었다는 사실을 반영하고 있음이 틀림없다. 그건 사람을 뿔뿔이 흩어지게 만들고 대량의 물건을 파는 소비사회와 배금주의의 속임수에 우리가 감쪽같이 홀려가고 있다는 증거가 아닐까?

굳이 "관계를 소중히 여기자"라고 외치기 전에 '사람을 만나면, 안녕하세요'라는 단순하고 자연스러운 예절을 일상으로 되돌리는 것이 우선이다. 예전에는 일본의 생활도 그랬다. 해가 질 무렵 산길에서 모르는 사람을 마주치면 저녁 인사인 "오반데스お晩です"라고 말을 거는 것이 당연했다. "좋은 날씨네요", "어디 가세요?"라고 말을 주고받는 것은 친근감의 표현인 동시에 자신의 안전을 확보하기 위한 것이기도 했다. 이번 여행 중에 "도둑도 말을 걸어왔던 사람 집으로는 못 들어간다고 하더라고요"라는 이야기를 들었는데, 납득이 간다. 요즘은 인사가 예절이나 예의라는 초라한 영역에 갇혀 있지만, 원래 그것은 사람들이 관계를 맺고 서로 안전을 유지하기 위한 생활의 풍부한 지혜였다. 친근감과 경계심이 짜 맞춘 듯 딱 들어맞는 소중한 지혜. 최근의 수상쩍은 '안전 · 안심 캠페인' 같은 것에 휘말려들지 말고 생활 속에서 자연스럽게 관계를 맺는 지혜를 스스로 착실하게 키워나가는 것이 중요하다고 생각한다.

각자의 자리를 얻어라

그림형제(Grimm)를 공부하고, 독일을 알기 위해 떠난 여행에서 매번 일정에 넣었던 것은 바이마르(Weimar) 교외에 위치한 나치 시대 강제수용소 유적 방문이었다. 부헨발트(Buchenwald)라는 숲 속에 펼쳐진 유적지는 벽돌로 만든 굴뚝이 그대로 남아 있는 당시 시체소각소를 제외하고는 광대한 부지에 자갈만 온통 깔려 있어서 조용하게 방문자의 상상을 불러일으킨다. 잔인무도한 역사적 사실을 반성하며 조심스럽게 손질한 그 자리를 2009년 6월, 오바마 미국 대통령도 방문했다. 예전에 이곳에서는 유태인이나 나치에 반대하는 사람들 24만여 명이 수용되어 고문당했고, 50만 명 이상이 죽음을 당했다고 한다. 이 자리의 빈틈없는 보존 상태를 보면 그런 가해 책임을 잊지 않고 후세에 전하겠다는 독일의 결의를 알 수 있다.

이곳을 방문할 때마다 특히 충격을 받는 말이 있다. 입구에 있는 철로 만들어진 문짝에 걸린 "각자에게 걸맞은 것을(Jedem Das Seine)"이라는 문구다. 그 글자는 문짝과 같은 폭에 같은 소재로 주조되어 문 위쪽에 박혀 있다. 유태인 박해와 살육의 배후에 있는 나치의 인간관, 우생사상 그 자체다. 존중받아야 할 자와 멸시받아야 할 자, 살 가치를 인정받은 자와 살 가치가 없는 자. 사람은 각자에게 걸맞은 삶을 (그리고 죽음도) 감수하라고 주저 없이 공언하는 말인 것이다.

내가 충격을 받은 것은 그것이 단순히 나치의 말이기 때문이 아니다. 때와 장소를 불문하고 권력자가 품는 욕망의 핵심을 너무나도 직설적으로, 거침없이 표현했기 때문이다. "본분을 분별하라", "분수를 알라"는 동서고금을 막론하고 권력자와 지배자가 사람들을 통제할 때 사용하는 상투적인 수단이다. "각자의 자리를 얻어라"라는 말도 떠오른다. 이번 여행에서 깨달은 것인데 "각자의 자리를 얻어라"라는 말은 강제수용소의 문짝에 걸린 그 문구를 누군가가 일본어로 번역해서 퍼뜨린 게 아닐까? 그렇다면 너무나도 원어의 뜻에 잘 따른 '명 번역'이다. 그게 아니라고 해도 이 표현에는 권력자 일반의 의도가 집약되어 있다고 하겠다.

현대 일본에서 살고 있는 아이들에게 이 말은 이미 관계없는 것일까? 아니, 그럴 리 없다. 오히려 현대에서야말로 우리들은 이 사상에 유연하지만 강하게 구속되어 있지 않은가? 그것도 자승자박이라는 형태로 말이다. "나다움을 찾자", "나에게 어울리는 자기실현을" 같은 말은 표현은 우아하고 훌륭하지만 본인에게 모든 책임을 떠넘기는 호소로, 아이들에게도 '자신의 분수'를 교묘하게 강요한다. 권력자의 의도는 예전과 변함이 없지만, 지금은 안에서부터 자발적으로 복종하는 방법을 사용함으로써 지배의 모습이 눈에 잘 보이지 않는 것이다.

하지만 당사자인 아이들이나 젊은이들은 어딘가 숨어 있는 그 속임수를 눈치채고 있다. 그래서 그렇게 힘없는 얼굴을 하고 있는 것이다. 미래를 향한 꿈으로 위장한 '분수의 사상', 우선은 그 속임수를 간파하는 것을 시작으로 새로운 풍경을 만나고 싶다.

아이들은 기쁨을 가져온다

엘렌은 30년 넘게 알아온 친구인데 최근 몇 년 동안 그녀는 자주 침울하고 힘이 없다. 남편이 저세상으로 떠났고 딸과 아들은 멀리 떨어져 있고, 가까운 친구를 암으로 잃은 데다 자신도 건강이 안 좋아지고 있기 때문이다.

이번 여행에서 그런 엘렌을 다시 만났더니, 기쁘게도 예전의 활기차고 건강한 모습을 되찾은 듯 보였다. 몇 년 전에 결혼한 딸이 아이가 없다가 3년 전 네팔에서 세 살 여자아이를 입양했다고 했다. 마침 엘렌 집에 와 있던 그 아이, 아스미타도 만날 수 있었다. 쓸쓸함을 많이 느끼던 엘렌에게 피부색이 다른 손녀가 생긴 것이다.

독일 사람은 입양에 대해 어렵게 생각하지 않는다. '피'나 '집 안'에 사로잡힌 일본사회와 다른 점 중 하나다. 어떤 아이라도 하늘에서 주신다고 생각하는 문화가 그 배경에 있을 것이다. "생기가 돌아왔네, 다행이야"라고 엘렌에게 말하니까 "그래, 아이는 기쁨을 가져오니까"라며 웃었다. 아이들이 가진 순진함의 힘. "현대인은 이 위기의 시대에 왜 아이를 낳고 키우느냐는 질문을 받는다. 어딘가에서 속삭이듯이, 그 물음에 답하는 목소리가 들려온다. '언제까지나 이 세상에서 아이가 어른의 스승으로 있게 하기 위해서'라고." 내가 좋아하는 이 말을 떠올리면서 두 사람과 헤어졌다.

그까짓 인사, 그래도 인사

군고구마를 굽는 연기 속에서

일요일 아침, 느긋하게 신문을 읽고 있는데 이웃집 마당에서 손주 녀석들 세 명의 활기찬 목소리가 울려 퍼지고, 하얀 연기가 흘러나왔다. 부모와 함께 군고구마를 굽기 시작한 모양이다. 유치원에서 소풍으로 고구마를 캐러 다녀온 뒤에 이웃집 현관 앞에 수확물이 많이 굴러다니던데, 틀림없이 그것들이겠지. 아이들이 뛰어다니면서 낙엽을 모아와 모닥불을 지피고 있는데, 며칠 전 내린 비 때문에 젖어서 그런지 자꾸 연기가 피어오른다.

주위 집들에게 틀림없이 민폐일 것이다. "허가를 얻지 않고 모닥불을 피우는 건 금지예요" 하고 항의전화가 오지 않을까 걱정이다. 직접 전화를 걸어온다면 그나마 다행이지만, 주민센터로 전화하는 사람도 있다. 게다가 최근에는 바로 자치회에 항의해서 회람판이 돌거나 하기 때문에 골치 아프다. 말 그대로 노파심에 나는 이웃들이 신경 쓰인다.

아이들 아빠인 아들에게 주의를 줄까? 순간 생각했지만 돌아올 답이 뻔히 보여서 바로 포기한다. 아들은 꼭 이렇게 말할 것이다. "아이들이 잠깐 군고구마를 즐기는 정도인데, 어른들이 참으면 되잖아." 아들은 아이들에 대한 관리가 엄격해진 세상에 늘 반발하고 있다. "요즘 시대에 금지를 신경 쓰면 아이들은 놀지도 못해요. 가끔씩 금지된 걸 어기면서 다치지 않고 노는 걸 가르치는 게 부모 역할이야"라고 언젠가 이야기했을 정도다. 대담하면서 충동적인 아빠다. 하지만 사실은 나도 그 말이 맞다고 생각하니까 아들과 나는 비슷한 것 같다. 다만, 이 순간 나는 '사람들이 어떻게 생각할까? 무슨 말을 들을까?'를 신경 쓰고 있을 뿐이다. 역시 나도 사람들의 이야기에 신경 쓰는 요즘 사람들 중 한 명이구나 생각하며 연기 냄새 속에서 쓰디쓴 웃음을 짓는다.

웃는 아기, 눈을 피하는 엄마

그런 내 자신은 모른 체하고 이러쿵저러쿵 말하는 것도 뭣하지만, 그래도 요즘 세상에서 '사람들이 어떻게 생각할까 병'의 만연은 심각하다. 사람들은 모르는 사람, 지나치는 사람과 이야기하지 않을 뿐만 아니라 눈도 맞추지 않고 인사도 하지 않는다. 내가 기억하는 장면 몇 가지를 떠올리면서 인사가 사라진 이 세상에 대해 생각해보고 싶다.

어느 날, 지하철에서 내 건너편에 한 엄마가 아기를 안고 앉아 있었다. 아기가 칭얼거리기 시작하자 나도 모르게 잠깐 미소를 보냈다. 그 아기는 놀란 듯 나를 쳐다봤는데, 이내 싱글벙글 웃어주더니 발버둥을 치면서 기분이 좋아졌다. 아기는 가만히 눈을 맞추면 꽃이 산뜻하게 피어나듯 웃음을 주는 인사의 달인이다. 한편, 엄마는 살짝 미소를 짓고 있지만 나를 보지도 않고 어색하게 눈을 피한다. 그 모습이 자못 부자연스러워 보여서 마음에 걸렸다. 나중에 친구에게 이야기하니, "상대방이 어떻게 생각할지 신경 쓰여서 관계를 가지기 싫은 게 아닐까?"라는 답변이 돌아왔다. 그 말이 맞는지는 모르겠지만, 하여튼 '우연한 만남' 자체를 단절시키고 있는 것은 확실하다. 아마 낯선 사람에 대한 경계심도 한몫했을 것이다.

한번은 지하철에서 이런 일도 있었다. 어느 한낮의 빈 열차 안이었는데, 내 자리에서 조금 떨어진 노약자석에 젊은 남성이 앉아 있었다. 그가 주머니에서 휴대전화를 꺼내자마자 작은 카드가 바닥에 떨어졌고, 교통카드 같기에 거기까지 가서 떨어진 걸 알려줬다. 그는 나를 보고 놀란 듯 '앗' 하는 표정을 짓더니 카드를 줍고서 눈도 마주치지 않고 말도 없이 휴대전화 화면을 들여다보는 것이다. 그럴 때는 적어도 "고맙습니다" 정도는 말하는 것이 예의가 아닌가 싶어 나이 든 사람인 내 입장에서는 참으로 당황스러웠다.

지하철에서의 장면은 이어진다. 잠시 후 그 젊은이 근처 출입문으로 한 엄마가 유모차에 아기를 태우고 들어왔다. 젊은이는 얼른 알아채고 '어서 앉으세요'라는 몸짓을 하면서 일어나 말없이 자리를 양보했다. 젊은 엄마도 인사를 할 기색이 전혀 없이 젊은이의 얼굴도 보지 않고 말없이 그 자리에 앉았다. "여기 앉으세요"도 "고맙습니다"도 없는 무음무표정의 회색풍경이다. 친절한 행동은 있지만 거기에 사람의 관계는 보이지 않는다. 지금 일본에서 젊은이들에게 퍼지고 있는 사회현상과 같아 보인다. "앞으로 세상은 괜찮은 건가?" 하고 무의식중에 중얼거리게 되는 쇼와(昭和 : 일본의 연호, 1926~1989년을 말한다. – 옮긴이) 출생의 나다.

인사는 문손잡이

그렇다고 해서 내가 인사를 좋아하는 것은 아니다. 학교나 동네에서 외치는 '아이들의 인사캠페인' 같은 것은 형식과 기만으로 가득 차 있어서 싫고, 어린아이에게 "인사는?"이라고 몇 번이나 독촉하는 엄마들을 보면 "됐어요, 인사는 됐고 어서 놀아"라고 아이에게 말하고 싶어진다. 물론 인사를 생략하는 것이 더 친하게 느껴지는 경우도 있다. 예전에 오키나와沖縄에 사는 지인은 "우리는 인사 같은 건 안 해요. '좋은 아침!'이라고 하지 않아도 아침에 만났을 때 서로 방긋 웃으면 되니까요"라고 말했다. 그 말을 들었을 때, 사람 사이의 관계만 확실하다면 인사는 그렇게 중요하지 않을 수도 있구나 생각했던 것을 기억한다. 중요한 것은 예절로서의 인사가 아니라 사람과 이어지기 위한 관습으로서의 인사다.

하지만 모르는 사람들끼리 만났을 때 사람을 이어주는 것은 역시 인사 한마디나 대수롭지 않은 미소 같은 거다. 그것은 사회가 쌓아온 대단한 지혜다. 인사라는 실마리가 있는 사회와 없는 사회는 공기의 온도가 다르다. 최근에 방문한 독일이나 한국에서의 체험을 적을까 한다.

독일의 어떤 연구 모임 때문에 뷔페 형식의 큰 식사 자리에 참석했을 때의 일이다. 접시에 음식을 담고 자리에 앉았을 때 옆자리에는 독일 사람으로 보이는 젊은 여성이 있었다. 내가 아무 말 없이 무심코 포크를 잡았을 때 그녀가 "맛있게 드세요"라는 뜻의 독일어 한마디를 자연스럽게 건넸다. 나는 황급히 "고마워요, 당신도요"라고 대답하고 "어디서 오셨어요?"로 자연스럽게 대화를 시작했다. 상투적인 인사 한마디가 순식간에 사람을 자연스럽게 이어주고, 마음을 밖으로 끄집어낸다. 그 한마디는 문을 열 때의 손잡이 같은 것이다. 특별히 의식하지 않고 자연스럽게 손잡이나 문고리에 손을 놓는다. 그런데 그 손잡이가 없으면 문은 계속 닫혀 있을 것이다.

앞서 말한 "맛있게 드세요"와 관련해서 여담을 덧붙이면, 독일사회에서는 가정에서도 식당에서도 어디든지 이 말을 자주 들을 수 있다. 사람을 이어주는 편리한 손잡이다. 하지만 일본에서는 이에 해당하는 '대접하는 쪽의 말'이 적다. 대접 받는 쪽의 "잘 먹겠습니다"는 자주 들리지만 말이다. 내가 아는 한 간사이關西지방에서는 "잘 드세요よろしゅうおあがり"라는 표현이 있다. 간사이 출신의 이모할머니가 항상 이 말을 하셨는데, 나는 어렸을 때부터 그 말이 좋았다. '맛있게 실컷 먹으렴'이라는 느낌을 받았기 때문일 것이다. 내가 자란 간토關東지방에는 그

런 말이 없기 때문에 부러웠다. 어쩔 수 없이 지금 우리 집 식탁에서는 그때만 간사이 사투리를 빌려 가족들에게 말할 때가 있다. 일본에서는 친해지기 위한 따뜻한 인사말이 풍부하지 않을지 모른다.

최근 한국을 방문할 기회도 있었는데, 독일처럼 모르는 사람끼리도 눈이 마주치면 잠깐 미소를 보내는 것이 인상적이었다. 그리고 대학에서 미술을 강의하는 한국 여성에게서 "일본은 요리 색깔은 참 예쁜데, 사람들의 표정이 다양하지 않아서 사회에서 별로 색깔을 못 느끼겠어요. 왜 그럴까요?"라는 질문을 받고, '역시……' 하면서 다시 한번 생각에 잠겼다.

아이들의 힘을 빌려

그 나라 사람들이 행복한가는 동네를 걷다보면 알 수 있다고들 한다. 길을 가는 사람들의 표정이나 동네 분위기는 그 나라의 모습을 반영하기 때문이다. 외국을 여행하고 일본에 돌아온 사람들이 "지금 일본은 아이들이 웃고 있지 않네요. 사람들이 무표정해요"라고 새삼스럽게 이야기한 지도 오래되었다. 아는 사이끼리는 몇 번이나 인사를 반복하지만, 지나치는 사람들에게는 무관심하고 아이들에게 웃어주는 사람도 적다. "요즘 사람들은 인사를 하지 않는다"라는 감상을 듣는 일도 늘었다. 아무 인연이 없다는 '무연無緣사회'라는 말이 유행하는 요즘이지만, 그것은 '사람들이 관계를 맺고 싶어 하지 않는 사회'를 말하는 것일지도 모르겠다.

싱가포르에서 살았다는 젊은 엄마는 “아기를 데리고 외식하고 있으면 가까이에 앉은 사람이 안고 있어줄 테니 천천히 먹으라고 해요. 그래서 육아가 즐거웠어요”라고 말한다. 그런 곳에서는 아이도 어른도 모두 행복하다.

아이들은 무심히 사람들을 이어준다. 우선 어디를 가나 인사라는 손잡이가 고장 난 우리의 문을 고치는 일부터 시작하자. 그리고 처음의 이야기로 돌아가서 가을에는 군고구마를, 여름에는 수박 깨기를 즐기는 아이들의 목소리 속에서 다소의 연기나 소음을 신경 쓸 일 없이 어른들도 미소를 되찾고 싶다.

엄마의 고독

새가 새끼를 키우는 모습

마당 가운데 큰 목련 나무의 잎이 무성하다. 30여 년 전에 초등학생이던 아이들이 가까운 숲에서 어린나무를 뽑아 와서 당시 한산했던 마당에 심었다. 그것이 어느새 2층까지 이르는 높이로 자라서 초봄에는 밑바탕이 옅은 분홍색 빛을 띠는 하얀 꽃을 피우고, 여름에는 나무 그늘을 만든다.

그 나뭇가지 끝에서 올해 한 쌍의 물까치가 새끼를 키우기 시작했다. 이곳에 산 지 30년이 지났지만 처음 있는 일이다. 큰 마당이라면 몰라도 현관문에서 겨우 몇 걸음 떨어진 곳이고, 게다가 마당으로 연결되어 있는 옆집에서는 매일 아이들이 모여서 떠들고 있는데 말이다. 요즘 세상에는 새들도 주택난이 심한 거 아닌가, 아니면 까마귀가 늘어난 근처 숲보다 사람 사는 집이 안전하다고 생각한 것인가 등등 가족이나 이웃 사람들과 그 이유에 대해 제멋대로 이야기를 주고받으면서, 사람들

눈을 피해 잘 만들어진 나뭇가지 끝 새집을 올려다본다.

두 마리가 교대로 알을 품더니 몇 주 지나자 세 마리의 새끼가 부화했다. 우거진 잎 사이에서 입을 벌린 새끼들의 빨간 입속이 눈에 띈다. 부모 새는 교대로 바쁘게 먹이를 가져왔다. 이전까지는 조심스럽게 새집을 드나들었는데, 이제 그럴 여유가 없다는 듯 쏜살같이 날아 들어간다. 사람들의 눈을 개의치 않는 바쁜 육아기의 모습은 인간과 같은 풍경이다. 사람이라면 머리카락을 흐트러뜨린 모습일 것이다. 새집을 넋을 잃고 보았더니 처리하지 못한 해야 할 일들이 이것저것 쌓여간다.

놀라웠던 것은 새끼들이 태어남과 동시에 많은 친구들이 모이기 시작한 것이다. 친척인지 이웃인지 아니면 구경꾼들인지, 새들의 언어를 모르는 나로서는 알 길이 없지만 때로는 대여섯 마리가 가까운 나무나 울타리에 멈춰서 물까치 특유의 쉰 울음소리를 교환했다. 어느 날은 그 울음소리가 한층 더 높아졌다 싶더니, 늘 오던 얼룩무늬 고양이가 마당을 지나고 있다. 유유히 걷는 고양이를 목표로 몇 마리가 저공비행하며 교대로 빠르게 공격해서 쫓아냈다. 역시 무리 지어 새끼를 지키는 것이다. 나무보다 한층 더 높은 텔레비전 안테나에 머물며 주변을 흘겨보는 새도 있다. "보금자리를 떠날 때는 그야말로 다 함께 난리도 아닐 거야"라고 새를 잘 아는 친구가 새집을 보러 와서 말했다. 적어도 물까치에게 새끼를 키우는 일, 곧 종의 보존을 위한 일은 진지하면서도 활기차게 동료들이 참가하는 중요한 일인 것 같다.

버려진 엄마와 아이

물까치가 새끼를 키우는 나날이 계속되는 중에 인간 세계에서는 젊은 엄마가 집을 팽개치고 나가서 어린 형제를 죽게 만든 사건이 반복해서 보도되고 있었다. 가슴이 죄어드는 마음으로 아이들의 고통을 생각한다. "새도 저렇게 소중하게 새끼들을 키우는데……" 하고 물까치의 육아를 보러 온 지인이 말한다. '그런데 잠깐만! 새도 저렇게 다들 모여서 함께 새끼를 키우는데, 사람은 혼자잖아'라는 생각이 불현듯 스치고 지나간다.

젊은 엄마는 스물세 살, 아직 어린 나이다. 죽은 첫째 아이가 세 살이라고 하니까 겨우 스무 살에 엄마가 된 것이다. 알려진 보도를 통해서 생각해보면, 아마도 고독한 육아였을 것이다. 도움의 손길을 내미는 사람도 없고 곤혹 속에서 상담할 방법도 모르는 채, 엄마 자신이 먼저 버려진 것이다. 그런 고통에 대해서 우리가 진심으로 마주하지 않는다면 이런 일은 반드시 반복해서 벌어진다. 어떤 상황에서도 엄마가 되면 혼자서 육아를 할 수 있을 거라고 잘라 말해버린다면, 그건 아이들을 죽이는 일에 가담하는 것과 마찬가지다.

세계 어느 누구도 동서고금을 막론하고, 닫힌 공간에서 오직 혼자 육아를 해본 적은 없었을 것이다. 그것은 너무나도 부자연스럽고 불가능한 일이기 때문이다. 여럿이 다 같이 관여하는 육아는 필시 생물들의 지혜이고, 일본에서도 불과 60년 전쯤까지는 쭉 그렇게 해왔다. 우리 어머니는 나를 포함해서 네 명의 아이를 낳았는데, 남동생들은 한마을에 사는 산파였던 친척 분이 우리 집에서 받아주었다. 아버지와 아이들은 다른 방에서 숨 죽여 탄생을 기다렸다가 아기가 태어나면 가족이나 함께 사는 사람 모두가 둘러싸고 갓난아이 목욕시키는 모습을 보았다. 어머니도 산후에 몸이 회복되면 가업을 포함해서 원래의 일하는 모습으로 돌아왔다. 그것은 새들이 새끼를 키우는 모습과 어딘가 닮아 있다.

칭찬에 죽어가는 엄마

일본사회에서는 근대화와 함께 공동생활이 무너진 1950년대 후반 이후, '엄마는 강하다', '모성의 힘', '육아는 엄마의 천직' 등 엄마 혼자에게만 책임을 떠넘긴 일방적인 말들이 퍼지면서, 아이를 키우는 여자들을 궁지에 몰아넣었다. 핵가족 속에서 남녀 역할의 분업은 남자들에게서 가사육아를 분리시키고, 여자들에게 그것을 한 몸에 짊어지우는 결과를 가져왔다. 내가 병원에서 출산한 것이 1960년대 후반인데, 아직도 출산과 동시에 나를 덮쳤던, 사회에서 분리된 고독감과 아이 돌보기를 혼자 떠맡게 된 중압감을 잊지 못한다.

가족과 친척들이 육아에 무관심했던 것은 절대 아니다. 아기를 보면 재미도 있었다. 다만 세상을 지배하게 된 '엄마는 집에서 육아의 책임을'이라는 압력이 뼈저리게 다가왔다. 출산 다음 날 아침, 병원 창문 밖에서 울렸던 출근하는 이들의 발자국 소리, 특히 하이힐의 야무지고 힘찬 소리가 사회로 향하는 발걸음 소리로 들렸기에, 그 울림은 사회에서 내버려진 것 같은 불안감과 함께 지금도 귓가에 남아 있다. 이러한 문제는 일하는 엄마의 육아휴직을 운운하는 것만으로는 해결되지 않는다. 사람은 사회적인 존재이기 때문에 모자母子가 함께 고립되는 생활 자체가 자연에 거스르는 부조리인 것이다.

1970년대 들어 얼마 지나지 않아서 나의 그런 의심과 의견을 같이하는 책을 만났다. 보통의 사람들이 현대사회의 구도를 날카롭게 질문한 《현대육아를 생각함現代育兒考》은 총 다섯 권으로, 제1권은 1975년에 출판되었다. 첫머리의 한 장은 다음과 같은 기술로 시작한다. "내가 지금까지 아이들을 죽이지 않았던 것은 어디까지나 우연에 불과하다(후카미 후미深見史)." 후카미 씨는 '누구도 아이를 죽인 여자를 나무라지 못한다', '나는 운이 좋았을 뿐이다', '그 대신 나는 병에 걸렸다'라고 내용을 이어간다. 과격한 표현이라고 반감을 느끼는 사람들도 있을 것이다. 하지만 모자의 단절된 외로움을 조금이라도 느껴본 사람이라면, 무슨 뜻인지 알 것 같지 않은가. 출산 후 열 명 중 한 명이 걸린다는, 현재는 산후 우울증이라고 불리는 이 상태는 아이들을 돌보는 부담감에 더해진 사회적 단절로 오는 외로움에 그 뿌리가 있다고 생각한다. 약이나 상담으로 다스릴 수 없고 또한 다스리면 안 되는 사회적 문제, 명확한 여성문제이다.

부모가 아이를 학대하거나 버리는 애처로운 사건이 끊이지 않지만, 아이들 이전에 부모, 특히 엄마가 사회적으로 또는 개인적으로 버림받지는 않았는지 민감하게 생각해봤으면 한다.

아이들과 이어지는 새로운 인연을

사람들이 육아는 어렵다고 이야기하게 된 지 오래다. 하지만 그럴 리 없다. 육아가 그렇게 어려운 일이라면 인류는 이미 멸종했을 테니까 말이다. 육아가 어려운 것이 아니라 이 사회가 육아를 어렵게 만들고 있을 뿐이다.

각각의 문화는 육아를 원활하게 영위하기 위한 지혜를 길러왔다. 예전의 일본사회에서는 어떤 시스템이 있었을까? 잘 알려진 것은 가리오야(仮親: 양부모)라는 관습이다. 아이들이 자라는 그때그때마다 친부모 외의 어른, 즉 서브(sub)해주는 부모와 관계를 맺어서 서로 지켜보고 도움을 받는다. 그런 어른을 가리오야라고 부른다. 나즈케오야(名付け親: 이름을 지어준 사람)나 나코도오야(仲人親: 결혼할 때의 후견인) 등 요즘에도 이름만 몇 가지가 남아 있지만, 그 외에도 출산을 돕는 도리아게오야(取り上げ親: 출산 때 아기를 받아준 사람), 처음으로 모유를 먹인 치쓰케오야(乳つけ親), 집안 사정 때문에 아이를 맡아주는 사토오야(里親: 수양부모), 사춘기가 시작될 때쯤 남자아이에게 훈도시를 선물하는 훈도시오야ふんどし親(훈도시褌는 남성들이 입던 일본의 전통 속옷이다. 폭이 좁고 긴 천으로 만든 것이 특징이다. - 옮긴이), 여자아이에게 유모지를 선물하는 유모지오야ゆもじ親(유모지湯文字는 옛날에 여자들이 목욕할 때 허리에 걸치던 옷이나 속치마처럼 허리에 감는 천을 말한다. 여성 속옷의 일종이라고 할 수 있다. - 옮긴이), 일을 배울 때의 쇼쿠오야(職親: 고아나 장애인의 부모가 되어 생활 지도나 직업 지도를 하는 사람) 등이 있었다. 지역 안에 아이들을 지켜보는 눈이 여러 겹으로 겹쳐져 있었다는 말이다.

많은 사람들의 눈길 같은 것은 귀찮다고 하면 더 할 말이 없다. 하지만 선조들은 아이들이 무사히 자라기 위해서는 부모 외에도 많은 사람의 도움이 필요하다고 생각했을 것이라고 민족학자인 오토우 유키大藤ゆき 씨는 책에서 썼다(《아이들의 민속학子どもの民俗学》, 소우도분카). 가리오야와 가리코(仮子:양자)의 관계는 평생 이어지는 경우도 있어서 가리오야가 세상을 떠나면 아이는 반드시 장례식에 자식으로 함께 있었다고 책에는 나와 있다. 가리오야도 나이가 들었을 때 요즘 이야기되는 고독사를 피할 수 있었을 것이다. 지켜주고 지켜지는 관계에 둘러싸여 서로 마찬가지의 입장이 되는, 도량이 넓은 시스템이다.

친부모 외에도 아이들에 대한 의리를 가진 어른이 필요하다는 예전 생각은 현대 일본에서야말로 필요한 것이 아닐까? 서양 기독교사회에도 대부와 대모라는 시스템이 있다. 꿈같은 이야기라는 말을 듣겠지만, 지금 우리 사회에서 모든 아이들에게 서브 부모를 마련해주는 시도를 시작할 수 없을까? 연령과 성별을 묻지 않는 조력자를 말이다. 일본에서는 자식을 낳지 않는 젊은이들이 늘고 있는데, 그중에는 서브 부모가 되어 아이들과 인연을 맺고 싶은 사람도 분명 있을 것이다. 장수 시대이므로 육아를 끝낸 나이 든 세대의 도움도 기대할 수 있다. 엄마가 고독하고 아이들이 수난을 겪는 이 시대에 그 어려움을 타개할 방법들을 생각하면서, 물까치의 현명한 육아를 구경하는 나날이다.

후쿠시마 원전사고와 아이들

꺾여버린 꿈

"저는 열다섯 살입니다. 나중에 아이를 낳아 키우고 싶다는 꿈을 갖고 있었습니다. 하지만 원전사고와 지진 때문에 그 꿈은 이룰 수 없을지도 모릅니다. 어떻게 보상해주실 겁니까!" 우연히 켠 텔레비전의 화면에서 상대를 응시하고 단호하게 항의하는 소녀의 모습이 보였다. 도쿄전력 간부들이 출석한 피난 지역 사람들의 집회인 것 같았다. 의연하게 상대에게 다가가는 그 맑은 목소리가 지금도 귓가에 맴돈다. 다른 화면에서 그녀는 이런 이야기도 했다. "태어나서부터 쭉 이 땅에 살아왔습니다. 이곳을 버리고 다른 지역으로 간다는 건 생각조차 할 수 없습니다." 소녀의 모습 뒤로 저 멀리까지 아름다운 신록이 잔해를 물들이고 있었다.

이번에 발생한 지진과 쓰나미는 자연의 무서움을 뼈저리게 느끼게 한 큰 재해였다(2011년 3월 동일본대지진으로 인한 도쿄전력 후쿠시마 원전사고를 말한다. – 옮긴이). 하지만 자연은 이렇게 엄하고 또한 이렇게 온순하다. 죽음과 삶을 품고 포용력을 가졌다. 지상의 것들을 빼앗아 흘려보낸 후에 다시 초록빛을 싹 틔우고 꽃피운다. 재생하는 생명. 얼마 뒤에는 진정된 땅으로 새와 벌레, 사람들이 돌아와 시간의 힘 아래서 고향을 고치고 다시 세울 것이었다. 원전사고라는 이 흉악한 범죄가 덮치지 않았으면 말이다. 앞서의 소녀도 가족, 이웃, 친구들과 함께 자라고 정든 땅을 다시 세우는 데 틀림없이 생기발랄한 그 힘을 쏟았을 것이다. 거기에는 미래를 향한 노력과 협력이 있었을 것이다. 원전사고만 없었다면, 사람들은 자연재해의 장렬한 체험을 입에서 입으로 거듭 전하면서 예전의 땅에서 계속 살 수 있었던 것이다.

'정든 것'을 빼앗은 후쿠시마 원전사고

사람들의 생활에는 역사가 있다. 열다섯 살에게는 15년, 일흔 살에게는 70년의 세월. 그 세월이 땅과 풍경에 대한 정을 만든다. 누구나 정든 것들로부터 힘을 얻으며 살아간다. 개인의 세월뿐만이 아니다. 그 땅에 선조 대대로 내려오는 묘가 있는 집도 틀림없이 많을 것이다. 시간과 장소에 섞여 스며든 정이 가져오는 안도감은 바꿀 수도 다시 살 수도 없다. 그런 둘도 없는 발판을 순식간에 파괴하고 사람들에게서 빼앗은 죄에 대한 분노는 내 안에서 날마다 커지고 있다. 우리 어른들은 지금까지 원전을 향해 무엇을 했는가 하는 자책의 마음이 늘 거기에 더해진다.

가나가와神奈川에 사는 나는 그날 격심한 흔들림을 느끼고 난 직후 텔레비전에서 흘러나오는 심각한 원전사고 관련 보도를 접했다. 그 보도를 보면서 사람들은 다양한 감정을 느꼈다는 사실을 나중에 알았다. 어떤 사람은 강한 불안을 느끼고 피난처를 찾았고, 어떤 사람은 격하게 분노하여 정보수집에 몰두했던 것 같다. 모두가 크게 동요했고, 어떻게 해야 할지 어리둥절했다.

당시 나의 감정은 슬픔과 화가 뒤섞인 것이었다. '역시 이런 일이 벌어지고 말았다', '피해 지역 사람들에게 떳떳할 수 없고, 아이들이나 젊은 세대에게 미안하다' 굳이 표현하자면 그런 것이었다. 하지만 미안하다고 하는 것은 이치에 어긋난다. 나는 도쿄전력의 관계자도, 나라의 책임자도 뭣도 아니고, 오히려 계속 원전을 반대하는 입장에 서서 이를 관철하려는 시민단체 활동이나 정당을 지지해온 사람이기 때문이다. '떳떳하지 못하다, 미안하다'라는 것은 기묘한 심정임에 틀림없다. 하지만 사실이었다. 왜 그런 생각이 들었는지 지금도 잘 모르겠다. 원전의 위험성과 어리석음을 오랫동안 살펴왔으면서 우리 어른들은 아무것도 못 했다는, 그런 무력감이 가져온 감정이었을지 모른다. 그때부터 두 달 넘게 지난 지금도 그 슬픈 감정은 계속되고 있다.

원전사고 며칠 후, 친구에게서 이런 메일이 왔다. "그저께 밤, 정말 엄청난 뉴스를 봤어요. 도쿄전력 후쿠시마 제1원전에서 10킬로미터 떨어진 해안에서 발견된 남자의 시신이 방사능 오염이 심해서 가까이 가면 피폭할 우려가 있다는 거예요. 만약 이 남자에게 가족이 있더라도 시신을 만지거나 가까이 갈 수 없어요. 이 남자는 편히 쉴 수도 없이 추잡스러운 폐기물로 버려지는 걸까요? 말 그대로 죽은 자를 더럽히는 이 사태는 이번 원전사고의 역겨움을 상징한다고 생각합니다."

메일은 충격적이었다. 아마도 수많은 시신이 엄청난 방사능에 오염되어 가까운 사람들의 접근마저도 거부당하고 고독 속에서 매장되었을지 모른다. 그렇다면 그중에는 부모에게 다시 안기는 것이 허락되지 않는 아이들의 시신도 있었을 것이다. 원전사고가 아니었다면 절대 일어나지 않았을 비참한 광경이다. 그런데 그 비참함을 있는 그대로 보도하는 대중매체는 거의 없다. 많은 일들이 어둠 속에 잠겨 있다. 그렇기 때문에 보도되지 않은 다양한 사실들이야말로 우리가 알아야 한다. 상상력을 발휘하여, 있는 그대로의 사태에 끈기 있게 다가가야 한다. 그것만이 우리들의 슬픔을 절대 사라지지 않는 깊은 분노로 바꿔나가는 힘이 될 것이다. 원전의 위험성과 잘못에 대해서 정확하게 알고 신중히 생각해서 끈질기게 행동해나가지 않는다면 그것이야말로 아이들에게 미안한 일이다.

'마음의 케어'는 '마음의 관리'

대지진이 일어나고 한 달이 지나면서 예상했던 대로 '마음의 케어'라는 말이 대중매체에서 조금씩 등장하기 시작했다. 피난처 생활을 강요받고 있는 사람들에 대한 '생활의 케어'라면 꼭 필요하겠지만, '마음의 케어'라는 우아하면서도 애매한 말이 마음에 걸린다. 사람들의 당연한 분노와 불안을 진정시키고 다스리려는 '마음의 케어'로 보이기 때문이다.

대지진이 일어나고 두 달쯤 지나자 이 말이 대중매체에 등장하는 횟수는 더욱 늘어났다. 〈아사히신문〉은 2011년 5월 8일 일요일자 신문에서 좌우 두 페이지를 모두 사용해 〈대지진과 마음의 케어〉라는 특집기사를 냈다. "스트레스를 경감", "들어주는 역할에 철저한 액티브 리스닝" 등의 표제들, 상대방의 이야기를 끌어내는 기술이라는 설명. "아이들은 어른들에 비해서 자신이 받은 마음의 상처를 표현하는 것이 어렵다"라고들 한다. 하지만 아이들은 정말로 지금 자신의 '상처'를 표현하고 싶을까? 초등학교 교실에서 교사가 아이들에게 "대지진에 대해서 이야기하고 싶은 사람? 이야기하고 싶지 않은 사람?"이라고 질문하는 모습을 텔레비전에서 우연히 봤는데, 약 스무 명 중 의사를 표시한 아이들 대부분이 '이야기하고 싶지 않다' 쪽에 손을 들었다. 힘든 체험을 지금 이야기하지 않고 마음에 품고 있는 것도 자신을 지키는 아이들의 지혜 중 하나다. 나에게는 그것이 일단 충격은 시간에 맡기고 친구와 함께 지내는 게 중요하다는 것을 어린아이들이 현명하게 감지한 것으로 보인다. 그러니까 표현력이 약하다는 말은 아이들에게 실례가 아닐까? 어른들은 그저 아이들에게 늘 친절할 수 있기만을 바랄 뿐이다.

아이들뿐만이 아니다. 어른들도 마찬가지일 것이다. 마음의 고민을 듣기 위해 파견된 '마음의 담당자'를 피난 지역 사람들은 정말 원하고 있을까? 원한다고 해도 다른 역할이 아닐까? 예를 들어서 '어떤 상담이든 받습니다'라는 표지를 걸고 구체적인 어려움에 대해 실제로 움직여주는 사람, 설사 해결되지 않더라도 함께 문제에 맞서 생각해주는 동지와 같은 사람 말이다.

고민 뒤에는 이유가 있다. 문제의 배경에는 원인이 있다. '마음의 고민'은 예를 들면 피난처에서 생활하는 상황에서 나온다. 앞으로의 전망을 그릴 수 없는 것에서 나온다. 직업이나 집을 빼앗긴 불안에서 나온다. 그런 고민들의 원인을 충분히 듣고, 그 해결을 위해 도와주고 함께 노력하는 협력자라면 꼭 필요할 것이다. 하지만 그것은 '마음의 케어'가 아니다. 케어라는 외래어를 쓸 필요도 없는, 생활의 원조자이며 일상생활의 지원군이다. '마음의 케어'라고 말해버리면 문제 상황이 '개인의 마음'으로 한정된다. 모두의 공통 문제가 개인 문제로 바뀌는 것이다.

왜 이런 대참사가 되었을까? 앞으로 어떻게 하면 좋을까? 모두의 의견을 들으면서, 누구나 그것을 생각한다. 직접 재해를 겪은 사람들뿐만 아니라 우리 모두의 문제다.

슬퍼하는 것도 분노하는 것도 필요할 것이다. 감정이 파도를 타는 것은 자연스러운 일이다. 대참사의 원인을 제공한 정재계의 책임자들은 지금 사람들의 분노를 고스란히 받아들일 수밖에 없다. '마음의 케어'라는 부드러운 말이 사람들을 모나지 않은 상태로 다스리는 역할을 맡는다면, 그것은 이재민에 대한 '마음의 관리'라고 바꾸어 말할 수도 있다고 본다. 지금의 분노를 잊어서는 안 된다.

무심히 아이들을 예뻐하다

아이들, 특히 재해를 겪은 아이들을 지금이야말로 지탱하고 돕는 것은 어른들이 무심히 아이들을 예뻐하는 것이다. '케어'라는 외래어에 둘러싸인 전문가에게 휩쓸리지 않고, 아무 말 없이 웃고 껴안는, 자연스러운 행위를 되찾아서 '예뻐한다'는 단순하고 따뜻한 생활의 공기로 아이들을 감싸주고 싶다. "햇님이 떠오르고, 꽃이 피고, 바람이 불어. 어른들 모두가 아이들을 너무 좋아하니까, 다 괜찮아"라고 말이다.

그리고 우리 어른들은 그 말에 걸맞은 안심할 수 있는 세상을 나날이 만들어나갔으면 좋겠다.

원전사고 그리고 아이들의 미래

버리는 기법이라는 신상품

요즘 동네 서점에는 물건을 버리는 기술에 대한 책들이 죽 진열되어 있다. '단사리斷捨離(글자 그대로 필요 없는 것을 끊어서斷, 버리고捨, 이별해서離 정리한다는 의미이다. 야마시타 히데코가 쓴 동명의 책이 한때 일본에서 '단사리'열풍을 일으켰다. 한국에서는 《버림의 행복론》이라는 제목으로 출간됐다. - 옮긴이)' 같은 새로운 말도 보인다. 이런 종류의 책들을 사들이고, 다음에는 또 그것을 버리는 방법 때문에 고생하는 것이다. 결국은 버릴 정도의 물건이라면 사들이지 않으면 될 이야기인데, 우스꽝스럽다. 하지만 웃고 있을 수만은 없다. 이런 종류의 책은 사지 않겠지만, 나 자신도 어느새 넘치는 물건에 둘러싸여 생활하기 때문이다. 앞서 언급한 후쿠시마 원전사고의 배경에는 물건에 대한 욕망으로 병들고 황폐해진 소비사회의 광경이 펼쳐져 있다.

버리는 기술에 관한 속임수는 놀랍다. 무엇이 놀라운가 하면, 늘 새로운 상품을 고안해서 계속 만들어내고 그것을 사들이게 하려는 판매자의 집념이다. 신제품에 묻혀버린 소비자 쪽에서 '이제 새로운 것은 필요 없다, 다 가지고 있다'라는 기분을 겨우 느끼기 시작했을 때, "아니, 아직 멀었어요. 이번엔 너무 늘어난 물건을 정리할 기술이 필요한 거죠"라며 신상품을 개발하고 고객을 휩쓸어버리는 그 강인함. 우리의 발이 빠져 있는 소비사회의 깊이를 똑똑히 보게 된다. 그리고 낡은 것을 버리고, 빈자리에는 또 새로운 것을 사 넣자는 은밀한 목소리가 어딘가에서 들려온다. '버리자'나 '정리 기술'의 목소리는 높아도 '사지 않겠다'의 구호는 전혀 들려오지 않는 곳이 소비사회다.

'풍요로운 사회'와 에너지문제

이렇게 멈출 줄 모르는 소비사회에 불이 붙기 시작한 것은 1970년대이고, 그 이후 '풍요로운 생활'을 구호로 물건이 차고 넘치기 시작했다.

우리 집에 컬러텔레비전이 늦게나마 등장한 것은 1980년대 들어서였던 것 같다. 엄청나게 많은 상품이 세상에 넘치고, 에너지 소비가 멈출 기미 없이 상승했다. 나 또한 거기에 가담해 온 것을 반성하고 인정할 수밖에 없다.

2011년 3월 11일의 대지진에 따른 원전사고는 '에너지 문제'에 대해 사회적으로 커다란 논의를 불러일으켰다. 요즘 대중매체의 화제는 온통 이 문제로 넘쳐난다고 해도 될 정도다. 탈원전과 원전유지의 입장을 불문하고 화제는 '앞으로의 에너지를 어떻게 할 것인가?'이다.

오늘 아침에도 텔레비전을 켰더니 "지금의 풍요로운 생활을 유지하기 위해서는 원전의 안전화를……"이라고 나름 양식 있는 지식인으로 인정받고 있는 여성 평론가가 말하고 있었다. 우리가 지금 정면으로 추궁 당하고 있는 것은 '풍요로움을 어떻게 유지하는가'가 아니라 '풍요로움이란 도대체 무엇인가'라는 명제일 텐데 말이다.

'풍요로움'이라는 말에 어울리는 것은 넘치는 물건이나 효율, 편리한 서비스일까? 실은 여러 가지를 궁리해서 만드는 생활 속에 있는 것이 아닐까? 하지만 현실에는 너무 많아진 물건을 버리는 방법을 지도해주는 책이 잘 팔릴 정도로 사치스러운 생활이 있다. 그런 사회에서 사람이 행복해졌냐고 한다면 그렇지도 않은 것 같다. 왜냐하면 사람들은 생기 있는 표정을 잃고서 불쾌해 보이며, 사회의 활발한 기운도 시들해졌기 때문이다.

우리는 '풍요로움'이라 불리는 것을 얻으면서 사는 보람이나 행복감을 잃어버린 것이다. 깊은 행복감을 잃어버렸을 뿐만 아니라 새나 물고기, 벌레, 나무, 풀 등이 사는 지구를 계속해서 오염시키는, 남에게 피해를 끼치는 생물이 되어버렸다. 기어코 그 커다란 원전사고를 일으킨 지점까지 와버렸는데, 아직도 '앞으로의 에너지'를 지금처럼 똑같이 가지려고 한다면 그야말로 '질려서 뉘우치지도 않고'라는 표현이 어울릴 것이다.

내가 그런 생각에 빠져 있을 때, '원자력 자료정보실'의 소식지를 받았다. 〈가시와자키가리와柏崎刈羽 과학자의 모임, 7 · 10 공개포럼 도쿄전력 후쿠시마 원전재해의 진실〉이라는 보고서가 실려 있었다(가시와자키가리와는 일본 니이가타 현 해안부의 가시와자키柏崎 시와 같은 현에 위치한 가리와刈羽 군에 걸쳐 있는 도쿄전력의 원자력 발전소이다. 1985년에 첫 운행된 1호기를 시작으로 7개의 원자로가 있다. - 옮긴이). 그중에 원자로 기술자 다나카 미쓰히코田中三彦 씨의 말이 소개되어 있었다. "우리는 에너지 중독에 걸려 있다. 1970년대의 생활도 그리 불편하지 않았다."

나도 그렇게 생각한다. 현재 에너지 문제의 열기에는 '새로운 에너지에 대한 열정'도 포함되어 있지만, "현재 생활을 어떻게든 유지하고 싶다!"고 고집하는 중독 증상의 기색이 엿보인다. 그리고 현재 시점에서는 불편하다고 말할 것 같은 1970년대 생활이 사실은 그렇게 불편하지 않았다는 다나카 씨의 지적도 경험했던 사람으로서 동감한다. 1970년대의 생활은 지금보다 다소 손이 가지만 생활에 보람이 있었다. 정신을 차리고 보니, 현재는 제 손으로 아무것도 만들지 않고 단순히 지갑을 여닫는 것만으로도 하루를 살 수 있다. 땅에 발을 딛고 사는 것이 아니라 공중에 떠다니면서 살고 있다는 표현이 어울릴 정도로 인간은 전락했다.

여기까지의 변화는 서서히 진행됐다. 환경파괴의 징조가 몸으로 느껴지기 시작한 1970년대, 나는 그 변화에 대한 의심을 나름대로 품고 있었다고 생각한다. 하지만 그 위기감은 점점 둔해지고 말았다.

3월 11일 그 원전사고가 일어났을 때 나는 '역시 이런 일이 벌어지고야 말았다! 아이들이나 젊은 세대, 피해 지역 사람들에게 정말 미안하다'라고 느꼈다. 아마도 그것은 스스로의 의심에 뚜껑을 덮은 채 흘러왔다는 것을 깨달았기 때문이라고 지금은 생각한다.

사고 직후에 나온 한 시민단체 호소문에 "우리는 되돌릴 수 없는 짓을 하고 말았습니다"라는 문장이 있는데, 그에 대해 "원전사고 책임자도 아닌데 꼭 '온 국민이 참회해야 한다'고 외치던 패전 후 구호 같아서 이상하다"라는 목소리도 들리지만, 나에게는 이치에 맞고 아니고를 떠나 공감할 수 있는 문구였다. 다시, 과거에 내가 느꼈던 의심 몇 가지를 통해 어른들의 과제를 확인하고자 한다.

죽음의 논에 대한 기억

1970년대라고 하면 잊지 못할 기억이 몇 가지 있다. 시골에서 자란 나는 어린 시절에 근처 논에서 자주 놀았다. 송사리나 우렁이, 메뚜기 등이 있어 논은 하루 종일 놀아도 지겹지 않은 곳이었다.

부모가 된 1970년대 초의 어느 여름날, 생명들로 가득한 논을 보여주려고 큰마음 먹고 어릴 때 정든 그곳에 어린 아들들을 데리고 갔다. 그런데 논은 잠잠하면서 음침하게 고요했고, 생명체의 기색도 전혀 없었다. 파릇파릇하게 뻗은 벼의 풍경은 옛날 그대로이지만 개구리 소리도 들리지 않고 잠자리 모습도 보이지 않았다. '죽음의 논'이라는 중얼거림이 절로 나왔다. 당시 대량으로 사용되기 시작한 농약이 논에 따라다니기 마련인 다양한 생명을 뿌리째 뽑아버린 것이다. 이런 시대 속에서 아이들은 어떻게 자라야 하는지 충격 받았던 것이 잊히지 않는다.

비슷한 시기에 농약에 대한 기억이 하나 더 있다. 남동생이 경영하는 홋카이도北海道의 목장을 방문했을 때의 일이다. 그 목장에서 밭을 오랫동안 맡아온 아주머니가 화학비료나 농약을 사용하는 농업으로 바꾸고 나서부터 양상추 등의 야채가 이상하다고 했다. 야채에 혹 같은 게 생기거나 지금까지 없었던 병이 생기기 시작했다는 것이다. 아주머니는 말했다. "정말, 가엾죠." 홋카이도 사투리로 가엾다고 말하던 그 목소리가 지금도 귓가를 맴돈다.

시골 버스 안에서의 대화도 떠오른다. 1960년대부터 시작되어 1970년대에 확산된 농지축소정책으로 버스가 지나는 지방도로 주변에는 휴경지가 계속 늘어가고 있었다. 어느 날, 옆자리에 앉은 농가의 아주머니가 창문 밖으로 펼쳐진 휴경지를 보면서 "이런 짓을 하다니, 곧 벼락을 맞을 거야"라고 나에게 말했다. 이번에 큰 원전사고가 일어난 후 어떤 대기업의 경영자가 "휴경지에 골고루 태양광열 발전장치를!"이라고 앞장서 주장했을 때, 나는 예전에 들었던 이 아주머니의 말을 떠올렸다. 물론 우선적으로 원전을 멈추게 해야 한다. 하지만 다음에 또 우리가 새로운 에너지 획득 중독에 걸린다면 '풍요로움'에 대해 질문하는 중요한 일을 놓치고 만다.

"흙에서 얻은 것은 흙으로 돌려준다……. 이 시대는 흙으로 돌려줄 수 없는, 절대 돌려주면 안 되는 방사능을 만들어내고 말았다"라고 쓰시다 아쓰시 씨는《석유와 원자력에 미래는 있는가》를 통해 1970년대에 이미 경고했다. 당시 나는 같은 지역에 사는 친구들과 계속했던 독서 모임에서 쓰시다 씨나 다카기 진자부로 씨의 경고를 명심하면서 읽었는데 말이다.

'치유'마저 상품화되는 시대

풍작豊作, 풍어豊漁, 풍년豊年이라는 말에서도 나타나듯이 많은 물건의 혜택은 확실히 사람에게 기쁨을 가져다준다. 하지만 넉넉하지 않은 살림에 없는 물건을 궁리해서 만들고 서로 나누는 것 또한 못지않은 기쁨을 사람들에게 부여한다. 아마 아무것도 하지 않았을 때 얻게 되는 편안함의 기쁨보다 더 클 것이다. 남아도는 장난감을 갖고 노는 아이들이 행복하지 않다고 말하려는 것은 아니다. 하지만 흙이나 물, 벌레, 물고기를 상대로 노는 아이들의 생명력 가득한 기쁨은 우리에게 자연이 가져오는 혜택이 얼마나 큰 것인가 알려준다.

자연은 온순하지만 두려운 대상이기도 하다. 하지만 사람은 다른 생물과 똑같이 자연과 함께 살아갈 수밖에 없다. 지금은 '마음의 치유'마저도 상품화되는 시대이지만 바람이나 불, 흙이 얼마나 아낌없이 사람들의 마음을 치유해주는지 1970년대까지를 경험한 어른들은 알고 있다. 자연과 공생하여 자연을 살리고, 자연의 일부인 우리의 몸을 사용해서, 사람들을 소비로 몰아가는 이 사회를 이번에야말로 멈추게 하고 싶다. 버릴 궁리가 아니라 버리지 않을 궁리를 하면서 말이다.

'풍요로움'이란 무엇인지 자문하고, 생활을 조금씩이라도 바꿔나가는 것이야말로 이 원전대참사가 우리 어른들에게 던지는 큰 숙제 중 하나임에 틀림없다.

손, 소중한 친구

어린아이의 손, 나이든 이의 손

네 살 손녀가 "할머니, 광고 전단지 주세요"라며 옆집과 연결된 마당을 통해서 건너왔다. 손녀는 최근 신문에 끼어서 오는 광고물 종이를 가늘고 길게 말아서 '검'을 만드는 데 열중하고 있다. 길고 짧은 것 등 다채롭게 매일 몇 십 개씩 만드니까 자기 집에 있던 전단지는 다 써버린 것 같다. 한 무더기 꺼내주니 바로 바닥에 앉아서 만들기 시작했다. 귀퉁이의 삼각형을 손가락으로 정성껏 말아서는 양쪽 손바닥으로 모로 제대로 굴려 테이프를 붙이면 예쁜 모양으로 채색된 단단하고 가는 '검'이 완성된다. 커다란 사절지 종이를 가지고 천장에 닿는 길이로 만들어서는 "봐요, 봐요" 하며 기뻐한다.

어디 보자 하면서 나도 따라서 만들기 시작했다. 어쩐 일인지 손바닥이 미끄러워서 잘 말아지지 않는다. 이럴 수가! 그렇다. 나이가 들어서 내 손바닥은 아이들과 다르게 습기가 없다.

아쉽다. 새삼스럽게 아이들의 촉촉한 피부를 넋을 잃고 보았다. 옛날에 나이 든 아저씨가 새끼를 꼬거나 떡치기를 하려고 절굿공이를 잡을 때 손바닥에 침을 퉤 뱉는 동작을 자주 봤는데, 이런 이유였구나 하고 이제야 깨닫는다. "할머니, 연습하면 잘될 거예요"라고 손녀의 격려를 받으면서 종이놀이에 도전하는 70대의 초입이다.

칼과 친하게 지내다

하지만 주름이 풍부한 70대의 손도 아직 쓸 만하다고 다시 생각한다. 밥 짓기, 바느질, 뜨개질, 걸레질, 정원일 등을 아직은 고만고만하게 잘한다. 손에 부드러운 윤기야 없지만, 그 대신 오랫동안의 숙련도를 간직하고 있는 것 같다. 손재주와는 거리가 멀지만, 나름 나에게는 손재주가 필요한 일도 요령 있게 해내는 거칠고 믿음직한 친구다.

나는 오랫동안 칼을 써왔기 때문에 주방일, 특히 써는 일을 좋아한다. 껍질 벗기기, 둥글게 썰기, 채썰기, 통째썰기, 깎아 썰 때 나기리보초菜切り包丁와 끝이 날카로운 분카보초文化包丁, 두 개를 사용해서 식재료의 모양을 서투르지만 자유롭게 바꿔 간다. 그 두 식칼에 더해서 닭의 뼈나 다금바리를 다룰 때는 데바보초出刃包丁, 생선을 얇고 어슷하게 썰 때는 회칼이 등장하는데 이들이 나올 경우는 거의 드물다(나기리보초菜切り包丁는 '채소를 써는, 날이 얇고 넓적한 식칼을 말한다. 분카보초文化包丁는 문화식칼이라는 의미로 만능식칼이라고도 불리며, 일본 가정에서 일반적으로 사용된다. 데바보초出刃包丁는 날이 두껍고 폭이 넓으며 끝이 뾰족한 식칼이다. – 옮긴이).

고작 매일 먹는 반찬을 만드는 것이니까 거의 대부분 써는 일을 앞의 두 식칼로 처리한다. 가끔 축하할 일이 있어 요리할 때는 당근을 꽃 모양으로, 완두콩을 대나무 잎 모양으로 만든다.

식칼은 참 잘 만들어져 있다. 나무로 된 손잡이와 칼날 각도의 조화, 오랜 시간 쌓아온 사람들의 지혜가 담겨 있는 것이다. 칼을 세워서 단번에 깨끗하게 썰면 아름답게 잘리고, 눕혀서 온순하게 썰면 엇베어지고, 칼끝을 잡고 돌리면서 치면 잘게 다져지고, 향이 나는 뿌리채소는 몸통으로 누르면 찌부러진다. 필러로 불리는 껍질 벗기는 기구, 잘게 다져주는 전동 조리기구도 서랍에 들어 있지만 거의 사용하지 않는다. '요리하는 데 도구는 필요 없다. 식칼 두 개만 있으면 된다'는 게 내 방식이다. 적은 도구로 궁리하면서 익숙하게 부리는 것이 기분 좋다.

손녀와의 놀이 이야기를 하다가 어느새 식칼 이야기로 흘렀는데, 그건 그렇다 치고 '분카보초'라니 정말 멋없는 이름이구나 생각하면서 궁금증이 일었다. 나기리보초는 채소를 식문화로 해온 이 사회에 어울리는 자연스러운 이름이지만, 분카보초라니 정말 운치도 없고 '문화'랑은 동떨어진 이름이다. 궁금한 것이 생겼을 때 나는 백과사전을 찾아보는 버릇이 있는데, 웬일인지 거기에는 나기리보초와 데바보초에 관한 내용밖에 없다. 요새 젊은 세대의 주방에서는 분카보초가 대표적인 식칼이 되었다고 들었는데 그건 어찌된 일일까?

사전에 실린 내용으로는 나기리보초와 데바보초 두 종류가 일본사회의 전통적인 식칼이라고 한다. 그렇다면 분카보초는 그 모양으로 미루어 생각했을 때 나이프의 연장선에 있는 식칼일지도 모르겠다. 수입된 서양의 칼. 아마 다이쇼大正시대쯤 육식의 보급과 함께 퍼진 신종 식칼에 '문화'라는 이름을 붙인 것이 아닐까? 서양숭배 사상이 이렇게 식칼 이름에도 반영되어 있다고 생각하니 좀 허탈하지만, 생각해보면 외래어 이름의 요리는 우리 집 식탁에도 꽤나 침투해 있기 때문에 식칼 이름만 가지고 한탄할 것도 아닌 듯싶다. 조금 더 생각해보면 문화, 즉 컬처(culture)란 원래 '논밭을 일구다'라는 뜻이다. 논밭을 일구는 것은 사람의 손이고, 일군다는 것은 만든다는 것, 만든다는 것은 생활의 기반을 구축하는 것이다. 그러니까 분카보초를 서양문화의 상징이 아니라 인간 생활의 경작을 지탱하는 도구라고 생각하기로 하자. 정든 주방의 친구들에게 경의를 담아서 말이다.

네일아트의 유행은 노동금지령과 같다

나도 모르게 식칼 이야기를 길게 반복하고 말았다. 손으로 하는 일을 소중하게 여기는 나는 손일이라고 하면 괭이, 베틀, 그물 등등 뭔가 통 크게 나가고 싶지만, 사실 내가 손으로 하는 일이라면 겨우 주방에서 근근이 살아남기 위해 익혀온 일이 전부이기에 식칼의 독무대가 되어버렸다.

생활은 손으로 일구는 것이 기본이라고 앞서 말했지만, 요

몇 해 나를 포함해 많은 사람들의 생활은 안타깝지만 일구는 것, 만드는 것과는 인연이 너무 멀어졌다. 가능한 한 만들고, 고치고, 손을 쓰고, 착실하게 보내고 싶은 나도 겨우 시중에 나온 식재료를 조리하거나 가끔 바느질하거나 얼마 되지 않는 채소나 꽃을 키우는 정도이고, 거의 대부분의 생활용품을 돈과 교환해서 얻고 있다. 그래도 손을 좀 쓰는 편인가? 하고 스스로 위로하면서 굵은 손가락을 바라보지만, 농가에서 밭일을 하고 지내는 친구의 강인한 손과는 비교할 수조차 없다. 그녀의 손에는 힘차게 살아가는 자신감과 자존심이 새겨져 있고, 그것이 나약한 나를 압도한다.

어린 시절을 되돌아본다. 그때는 자주 손을 썼구나 하고 말이다. 겨울 끝자락에서 처음 불어오는 강한 남풍 때문에 집 안 가득 흙먼지가 쌓여 새하얗게 되면 아이들이 나설 차례다. 여러 개의 걸레를 꽉 짜서 바닥을 닦는다. 금방 더러워지는 걸레를 거듭 헹구고, 짜고, 닦아서 깨끗이 한다. 여름에는 아침에 아버지와 함께 밭에서 토마토의 곁순치기를 한다. 아이들의 손가락은 가늘어서 두 갈래로 된 줄기 사이에 돋아난 조그마한 싹을 뜯기 좋은 것이다. 풀을 뜯고 달걀을 모으고 산딸기를 뜯어 먹는다. 그런 식으로 끊임없이 손이 나설 무대가 있었기 때문에 어른도 아이도 손톱을 짧게 자르고 정리해두었다.

손톱을 잘라 정리한다는 이야기에 이어 현재의 이야기로 돌아오면, 최근 네일아트로 불리는 '손톱 장식'이 유행한다는데 그게 마음에 걸린다. 옛날부터 매니큐어라는 손톱화장은 있었지만 요즘 네일아트의 호화스러움은 정말 대단하다. 금과 은을 섞어서 다채롭게 손톱을 칠할 뿐만 아니라, 마녀처럼 길게 기른 손톱을 삼각형, 사각형으로 만들어내는 사람들도 눈에 띈다. 마치 손톱에 모자라도 씌운 걸까? 하지만 그런 손톱장식을 하고서는 손재주를 쓰는 일을 도저히 할 수 없을 것 같다. 꾸미고 기른 손톱으로 흙을 만지는 일은 생각도 할 수 없다. 손을 쓰는 소중한 시간을 손톱 꾸미는 시간에 바치고 있다.

옛 중국에서는 여성들의 정절을 지키고자 전족纏足이라는 안타까운 풍습이 있었다. 어릴 때부터 여자아이의 발끝을 천으로 굳게 묶은 다음, 작은 신발을 억지로 신겨서 발이 크는 것을 방해하여 안정적으로 걷거나 노동하는 것을 막았다. 나에게 요즘 유행하는 네일아트는 그 전족과 비슷하게 마치 여성이 손을 쓰는 것에 대한 금지령처럼 보인다. "손을 쓰지 마라, 손을 쓰는 것은 오직 지갑을 열 때뿐이다"라고 말이다. 그 금지 공고는 소비사회가 내건 것이다. "스스로 만들지 마라, 모두 사들이면 손은 필요 없다." 그 공고에 따른다면 머지않아 인간은 멸망한다. 절대, 과장이 아니다.

아이들에게서 다시 배우는 재출발

아이들이 웃지 않는다. 특히 초등학생이 될 때쯤부터 그렇다. 아이들을 만나는 일을 하는 사람들도 자꾸만 그 사실이 마음에 걸린다. 아이들이 웃지 않는 것은 분명 자기들이 가야 할 길, 즉 미래사회에 희망을 느끼지 않기 때문이다. 아이들은 다가올 시대를 예리하게 감지하는 힘을 갖고 태어난다. 그리고 즐기고 웃는 데 있어 달인이다. 그런 아이들에게서 웃는 얼굴과 웃음소리가 사라지고 있다는 것은 우리들의 미래가 가라앉으려 한다는 증거다.

어른들이 지금 무엇을 하면 좋을지, 아이들의 모습에서 빨리 다시금 배울 때다. 게다가 지금이 마지막 기회라고 생각한다. 다시 시작해야 할 일들은 산더미처럼 많지만, 되도록이면 물건을 사지 않고 만드는 기회를 통해 손의 기운을 되찾아야 한다. 그것이 실생활에서 가까운 시작일 것이다. '착수着手'라는 말처럼 말이다.

아이들은 손을 쓰는 것, 만드는 것을 좋아한다. 어린아이들도 손을 뻗어 만지면서 그 세계를 넓혀간다. 기어 다니기 시작한 아기가 조그마한 물건을 발견하고 재빨리 손가락으로 집어서 어른들에게 보여준다. 그런 모습을 세이쇼 나곤清少納言은 "아름다운 정취를 자아내다いとをかし"라고 표현했는데, 그만큼 손가락은 아이들에게 맨 처음 만나는 소중한 친구이다. 그건 어른들에게도 마찬가지다. 조금씩 손이 가진 힘을 되찾아서 아이들과 함께 그 힘을 착실하게 쌓아 올리고, 장을 넓히고 싶다. 손의 힘을 부활시킨다면 그것은 매일의 생활에 고요한 자신감을 심어주고, 아이들의 웃는 얼굴을 보여줄 것이 틀림없다.

아무리 작은 틈이라도 좋다. 열기 시작한다면 거기서 미래의 빛이 들어올 것이다.

글을 마치며

2011년 3월, 대지진이 도호쿠 지역을 습격한 뒤에 일어난 도쿄전력의 엄청난 원전사고는 지금도 땅과 거기에 살고 있는 모든 것들을 오염시키고 있다. 계속해서 방사능에 오염되고 있는 아이들에게 어른들 세대가 무엇을 잘못했는지 말해주어야 한다고 통감하는 나날이다.

그런 날들 속에서 대지진 이후에 학교의 역할이 컸다는 사실을 보고, 들었다. 혼란스러운 피난처의 운영, 부모를 만나지 못한 아이들과 함께 피난처에서 하룻밤을 보낸 교사들, 자동차는 떠내려가고 연료는 부족한 가운데 일주일 동안 피난처를 돌아다니며 모든 학생이 무사한지 확인하고 안도하는 교사, 부모를 잃은 아이들을 계속해서 돌보는 담임까지. 지진 후 새로운 학년의 학급편성은 6학년을 제외한 모든 반의 담임이 그대로 올라가서 아이들과 가정에 대한 배려를 이어갔다. 이때까지 아이들과 일상을 함께해온 교사라는 어른만이 할 수 있는 제 역할을 다하고 있다. 지역과의 인연이 있어야만 가능한 지탱이다. 예전에 패전 후 어느 날, 담임선생님과 같은 반 친구들이 함께 부모 잃은 아이들 집의 농사일을 거들러 갔던 게 떠오른다. 하지만 그때와는 다르게 이번에는 아이들의 미래가 완전

닫혀버렸다는 생각이 나를 무겁게 짓누른다.

그런 생각에 빠져 있던 어느 날, 후쿠시마에 사는 초등학생 유키優希 군(7세)의 웃는 얼굴과 이야기가 실린 신문 기사를 보았다. "가족 여섯 명이서 다섯 번을 피난 다니다가 여기(가설주택)에 이사 왔어요. 초등학교는 세 번째예요. 처음에는 반 아이들의 이름을 외우지 못해서 힘들었어요. 장래의 꿈은 여러 가지가 있지만, 총리가 되어 원전을 없애고 싶어요. 그때까지 (원전이) 없어졌으면 좋겠지만요(〈아사히신문〉, 2011년 9월 15일자)."

그렇다. 아이들은 자기들의 미래로 걸어나가려고 하고 있는 것이다. 원전 없는 사회를 향해서, 안심하고 살 수 있는 시대를 향해서, 희망을 향해서. 그 발걸음을 힘껏, 계속해서 응원해주는 것이 어른들의 일이라고 생각하니 힘이 난다. 열심히, 내가 할 수 있는 것들을 다하고 싶다.

이 책의 제1장 〈학교란 무엇일까?〉는 새로 쓴 글이고, 제2장 〈아이들이 있는 곳〉은 계간지 《아이들과 옛이야기子どもと昔話》에 시모코우베 마키코下河辺牧子라는 필명으로 연재한 에세이를 바탕으로 엮었다. '오자와 옛이야기 연구소小澤昔ばなし研究所'의 나가사와 모모코長崎桃子 씨, 다카하시 나오코高橋尚子 씨가 출판을 위해 정성껏 편집 작업을 해주었다. 또한 고바야시 마사키小林将輝 씨는 글 쓰는 속도가 느린 나에게 가벼운 잽을 날려주었고, 이 책의 장정도 선물해주었다. 세 분께 진심으로 고마움을 표한다.

아이들에게, 응원의 마음을 담아서
오자와 마키코

아이는 스스로 자란다

아이를 어린이집에 처음 보낼 때는 그저 아이가 재미있게 놀고 오기만을 바랐다. 그런데 반년쯤 지난 요즘엔 어린이집 문턱에서 아이 손을 붙잡고, "친구들이랑 싸우지 말고, 선생님 말씀 잘 들어야 해."를 반복해서 당부한다. 이제 막 말문이 트이기 시작한 세 살짜리 아이가 사회의 틀에서 벗어나지 않게, 모나지 않게 선생님 말씀 잘 듣는 '착한' 아이가 되기를 원하고 있다니! 아이를 낳으면 하고 싶은 것을 마음껏 할 수 있도록 키우겠다는 다짐은 온데간데없고, 세상의 눈치를 보면서 육아가 막연해질 무렵 오자와 선생의 책이 내게 다가왔다.

"아이는 스스로 자란다. 놀면서 수다를 떨고 싸우고, 그러다 다시 어울려 놀 친구만 있다면 키우려고 하지 않아도 멋대로 자라고, 서로 자라나는 생명체다."

아이는 스스로 자란다는 믿음은 이 책뿐만 아니라 오자와 선생의 다른 책에서도 엿볼 수 있는 철학이다. 선생은 아이들이 스스로 자라는 힘을 갖고 있는데, 그 힘을 자연스럽게 키워 갈 수 있는 곳이 바로 학교라고 말한다. 특별한 일을 하지 않더라도 아이들이 지역의 학교라는 공간에서 함께 모이고, 그 속에서 착실하게 시간을 쌓아가면서 어른들이 키우지 않아도 자라고, 또한 서로를 키워나간다는 것이다. 그러나 학교는 이미 오래전에 학업을 위한 경쟁의 공간으로 변해버렸고, 어른들의 통제 없이는 아무것도 할 수 없다. 이것은 학교만의 이야기가 아니다. 놀이터에서도 공원에서도 어른들의 통제 아래 놀이가 이루어진다. 부모의 시선이 미치지 않는 곳에서 또래 아이들과 은밀한 동질감을 느끼며 자기들만의 아지트를 만들 수 있는 시간도, 공간도 아이들에게는 허락되지 않는다. 그렇게 요즘 아이들은 스스로 자랄 수 있는 기회조차 빼앗겨버린 것이다.

더군다나 경쟁과 억압으로 가득한 학교에서는 아이들이 더 이상 질문하지 않는다. 생각하는 걸 그만두고 주어진 것을 받아들이는 그릇이 되어간다. 그것이 주변에서 바람직하게 여기는 삶의 방식이라고 미루어 짐작하는 것이다. 또한 학교는 학교대로 소비정보화사회답게 아이에게 많은 양의 지식을 주입하려고 한다. 결국 아이는 배운 것을 생각하고 자기화할 수 있는 시간이 절대적으로 부족하다. 오자와 선생은 이 부분을 지적하며, 이미 개별적으로 인터넷으로 정보를 습득하고 공부하는 것이 가능한 현대사회에서 단순히 지식을 배우기 위한 공간으로 학교가 존재한다면 아이들이 학교에 가는 일에 매력을 느낄 수 없을 것이라고 말한다. 배운 것에 대해 생각하는 시간, 체험을 통한 자기화의 시간, 그리고 또래 친구들과 많은 것을 공유하면서 생활을 즐길 수 있는 시간이 존재할 때 학교는 더욱 매력적인 공간으로 아이들에게 자리할 수 있다. 인터넷이나 개별적인 학습으로는 절대 얻을 수 없는 이런 귀중한 시간과 공간이야말로 현대사회에서 학교가 필요한 이유이다.

그리고 오자와 선생은 부모들도 학교에 대해 조금만 더 편하게 생각하기를 당부한다. 낮에 부모들이 일터에 가거나 자신들의 생활을 이어가는 동안 안심하고 아이를 맡길 수 있는 곳, 그곳이 바로 학교이다. “어린이집도 아니고 아이를 맡아주는 곳이요? 학교는 우선 교육이 중요한 것 아닌가요?” 하고 반문하는 부모들에게 오자와 선생은 교육도 안심하고 아이를 맡길 수 있는 공간이 존재할 때의 이야기라고 일갈한다.

“엄마, 학교에 왜 꼭 가야 해요?” 아이가 언젠가 이런 질문을 해온다면 나는 어떤 대답을 들려줘야 할까 생각해본다. 우선, 그런 질문을 떠올릴 수 없을 만큼 학교가 아이에게 즐거운 곳이기를 희망한다. 그래도 언젠가 이런 질문에 마주하는 날이 온다면, 그때는 오자와 선생의 말을 빌려 이렇게 말해주고 싶다. “모두 함께 살아가기 때문이야. 학교가 그렇게 힘든 곳만은 아니란다. 이런저런 친구들도 있고, 이런저런 일들도 일어나겠지. 그래도 꽤 재미있는 곳이야. 일단 가보렴, 물론 조심해야 할 거야. 그래도 자, 즐기고 오렴.”

마지막으로 한국의 독자들에게 이런 보물 같은 책을 소개할 수 있도록 도와주신 서현사 조재성 사장님께 감사드린다. 아이 키우는 엄마 입장에서 더욱 애정을 갖고 편집 작업에 힘써주신 지훈이 엄마 민용희, 하은이 엄마 배성분 편집자에게도 감사드린다. 마지막으로 언제나 열렬한 지지를 보내주는 인생 동반자와 지금도 온힘을 다해 스스로 자라고 있는 하루에게 고마움을 전한다.

2015년 11월

우 민 정

감수

이철웅 (사)한국인간관계연구소 대표, 교육학박사

감수자 이철웅은 동두천 및 의정부에서 초 · 중 · 고등학교를 마친 후 목포교육대학을 졸업하여 십수 년간 초등학교 교사로 봉직하였다. 교사 재직 중에는 건국대학교 정치외교학과 및 고려대학교 교육대학원에서 상담심리학을 전공하였다. 세종대학교 대학원에서 교육학 박사학위를 받고, 일본문부성 초빙유학으로 일본 기후岐阜대학에서 교육 및 심리측정을 연구하였다.

경기도 내 초등학교 교사, 경기도교육청 관내의 교육연구사, 초등학교 교감 및 교장을 두루 거쳤으며, 교육연구관으로 교원연수원에도 다년간 근무하였고, 교육행정의 일선이라고 할 수 있는 포천교육장을 역임하였다.

이런 다양한 경험을 바탕으로 현재는 사단법인 한국인간관계연구소 대표로 활동하고 있으며, 의정부지방검찰청의 비행청소년상담 및 의정부교육지원청의 교육자원봉사센터의 센터장으로도 봉사하고 있다.

저서로는 《교사여, 칠판으로 돌아가자!》, 《교직실무 이론과 실제》, 《생활지도와 학교상담》, 《교육상담과 생활지도 연구》, 《교육 및 생활지도 연구방법론》 등이 있다.

옮긴이

오가타 요시히로緒方義広

1976년 일본 가나가와 현에서 태어났고, 메이지가쿠인대학 법학부를 졸업했다. 연세대학교 대학원에서 정치학 석사와 박사과정을 마쳤고, 현재는 홍익대학교 경영학과 조교수로 학생들을 가르치고 있다.

우민정

1982년 대구에서 태어났고, 중앙대학교에서 문예창작을 공부했다. 출판사에서 일본문학 담당 편집자로 일했다. 일본 그림책《북방여우의 행복》,《섬올빼미는 살아간다》,《금화가 피는 벚나무》(에혼주쿠출판)의 DVD 번역 작업에 참가했다. 현재는 일본출판물 기획을 하며 번역가로 활동하고 있다.

오자와 컬렉션 ❸

학교란 무엇일까?
학교 밖 아이들

2015년 11월 15일 1판 1쇄 인쇄
2015년 11월 20일 1판 1쇄 발행

저 자 오자와 마키코
감 수 이철웅
옮긴이 오가타 요시히로, 우민정
펴낸이 조재성
펴낸곳 서현사

등록 2002년 8월 14일 제 03-01392호
주소 경기도 고양시 일산동구 중앙로 1055번지 레이크하임 206호
전화 031-919-6643
팩스 031-912-6643

ISBN 978-89-94044-78-1 94180
978-89-94044-72-9 (세트)

정가 14,000원

도서출판 서현사의 오자와 컬렉션

오자와 컬렉션 ❶

교육으로부터의 해방

심리학은 아이들 편인가

오자와 마키코(小沢牧子) 지음, 박동섭(신라대 교수) 옮김
신국판 | 반양장 | 232쪽 | 12,000원 | 2015.2.10.
ISBN 978-89-94044-47-7 94180
ISBN 978-89-94044-72-9(세트)

오자와 컬렉션 ❷

아이와 함께 오늘을 살아가는 법

지금 아이들이 있는 곳

오자와 마키코(小沢牧子) 지음
이미식(부산교육대 교수) 감수, 김은서 옮김
46판 | 반양장 | 120쪽 | 10,000원 | 2015.8.30
ISBN 978-89-94044-73-6 94180
ISBN 978-89-94044-72-9(세트)

오자와 컬렉션 ❸

학교 밖 아이들

학교란 무엇일까?

오자와 마키코(小沢牧子) 지음, 이철웅(前 포천교육장) 감수
오가타 요시히로 · 우민정 옮김
신국판 | 반양장 | 220쪽 | 14,000원 | 2015.11.20.
ISBN 978-89-94044-78-1 94180
ISBN 978-89-94044-72-9(세트)

[오자와 컬렉션은 계속 출간됩니다]

- 마음을 상품화하는 사회
- 마음의 전문가는 필요 없다
- 아이들의 권리, 부모의 권리
- 학교란 곳에서 아이들은 어떻게 살고 있는가